MONTBRUN

OU

LES HUGUENOTS EN DAUPHINÉ

Par E. BADON

TOME II.

PARIS
PRUDHOMME, LIBRAIRE-ÉDITEUR
RUE DES POITEVINS, 9
1838

MONTBRUN

ou

LES HUGUENOTS EN DAUPHINÉ.

GRENOBLE, IMP. DE PRUDHOMME.

MONTBRUN

OU

LES HUGUENOTS EN DAUPHINÉ

Par E. BADON

L'un des auteurs d'*Un Duel sous le cardinal Richelieu*
et d'*Une Aventure sous Charles IX*.

TOME SECOND.

PARIS

PRUDHOMME, LIBRAIRE-ÉDITEUR

RUE DES POITEVINS, 9.

1838.

CHAPITRE PREMIER.

La Partie d'Hombre.

Ce fils..... dont l'aimable jeunesse
Rendoit de mes vieux jours tous les désirs contents,
Ce fils qui fut l'appuy de ma foible vieillesse,
A vu tomber sans fruit la fleur de son printemps.
                                    RACAN.

La Partie d'Hombre.

I.

Le baron se promenait dans une vaste salle qui occupait une partie du rez-de-chaussée. Deux grandes cheminées, dans chacune desquelles on aurait pu construire le cabinet de travail d'un auteur de nos jours, se trouvaient opposées l'une à l'autre. L'ameublement consistait en quelques vieux fauteuils en cuir verni, tels qu'on les fabriquait sous François Ier, les murs étaient couverts d'une longue suite de tableaux de famille, dont les toiles enfumées et les larges cadres servaient à déguiser l'absence de tapisseries. Un instant le baron s'arrêta devant un tableau bien moins ancien que les autres, ainsi que l'indiquait l'éclat de la dorure et la fraîcheur du coloris ; il représentait un jeune homme de vingt ans environ, grand, maigre, aux yeux gris, au teint basané. Malgré l'âge de monsieur de Beaumont, un observateur aurait trouvé des rapports frappants entre lui et ce portrait. C'était son fils unique, le chevalier de la Frette, qui avait été tué à la Saint-Barthélemy.

— Ah! François! François! dit le vieillard à voix basse, mes ennemis se sont vengés cruellement sur toi de tout le mal que je leur ai fait.

Puis, réprimant son émotion, il continua sa marche. Rien ne troublait le bruit de ses pas, l'obscurité croissante donnait à chaque portrait l'aspect d'une apparition : on eût dit que tous ces hommes des temps passés allaient sortir de leurs cadres pour joindre leurs larmes à celles du dernier de leur race.

Le baron était encore plongé dans ces tristes méditations, lorsqu'un serviteur vint allumer un grand feu, dont la lueur combattit victorieusement celle du jour qui finissait. Puis il plaça sur une petite table recouverte de cuir doré un jeu de cartes et un flambeau à plusieurs branches. Le curé entra en ce moment, salua respectueusement le baron, qui s'écria :

— Ah ! vous voici enfin, mon digne pasteur, vous vous êtes bien fait attendre aujourd'hui. Voyons, mettez votre bréviaire à côté du mien et asseyez-vous.

Il était facile de deviner au ton et à la gaieté spontanée du vieillard qu'il faisait un grand effort sur lui-même pour chasser de douloureux souvenirs. Le curé s'assit près du feu, en se frottant les mains pour mieux dissiper l'impression de froid que lui avait laissée le trajet qu'il venait de faire.

Bientôt le baron rapprocha son fauteuil de la table et M. Simon s'empressa de l'imiter.

— Par ma foi ! mon cher curé, je ne veux

plus jouer au romestecq et aux tarots (*) ; un bon général change de terrain quand le sien cesse de lui convenir : essayons un peu du noble jeu de l'hombre. Les Espagnols disent que c'est le seul digne de porter le nom de l'homme (**) ; dans le temps où j'étais à la cour, c'était l'amusement favori de la reine Marguerite.

— Très-volontiers, monsieur le baron. Quand j'étais curé du Bourg-lès-Valence, nous faisions souvent cette partie avec le marguillier de la paroisse et un de mes meilleurs amis, le libraire Oudard.

— Je n'ai pas encore oublié, reprit des Adrets, qu'au siége de Casal, nous jouions à l'hombre dans la tranchée, en attendant une attaque qui fut chaude, mordieu! mais la partie le fut aussi, et la perte de plusieurs d'entre nous eût été considérable, sans un boulet qui vint d'un seul coup enlever trois des plus forts gagnants.

— L'hombre est fort récréatif, répondit le

(*) Anciens jeux de cartes.
(**) Homme, en espagnol *hombre*.

curé ; mais il dure trop long-temps ; vêpres arrivaient toujours avant que nous eussions fini.

La partie commença ; la physionomie du baron changea bientôt complètement ; ce n'était plus ses anciens souvenirs qui l'occupaient. Dans ce château solitaire, devant un curé de village, il apportait à son jeu le même intérêt, la même attention, que s'il se fût agi de choses infiniment plus graves, et jetait ses cartes avec autant d'ardeur qu'il en mettait autrefois à faire avancer ses bataillons ; mais la fortune semblait lui faire comprendre qu'elle l'avait abandonné pour toujours.

Le curé avait tous les matadors et gagnait constamment la vole ; spadille, manille et baste (*) accouraient à l'envi dans son jeu ; il rassemblait toutes les levées avec un sourire de triomphateur, tandis que son adversaire montrait, à chaque nouveau revers, plus d'impatience qu'il n'en avait témoigné dans des occasions bien autrement importantes.

Il y avait déjà quelque temps que les rois à

(*) Cartes gagnantes au jeu de l'hombre.

manteau d'or, les dames armées d'énormes bouquets et les varlets habillés en chevaliers, tous produits divers de l'industrie des cartiers d'alors, s'échangeaient entre le baron et le curé, lorsque le majordome entra dans la salle.

Ce serviteur jouissait de toute la confiance de son maître. Il y avait dans sa personne et son costume quelque chose qui faisait deviner un ancien soldat; il vint se poser au milieu du salon avec une exactitude toute militaire, et attendit en silence que le baron lui adressât la parole.

— Eh bien ! Maillard, qu'y a-t-il donc de nouveau ?

— Monseigneur, répondit l'ancien sergent d'un air aussi grave que s'il eût été encore à la parade et en faisant involontairement le geste du salut de la hallebarde, on a battu aujourd'hui toutes les gerbes qui étaient depuis six mois dans la grange.

—Très-bien ! Tu laisseras prendre un boisseau à chacun des batteurs. Ensuite tu veilleras à ce qu'on mette de côté la provision de M. le curé.

— Monseigneur, reprit Maillard, Petit-

Pierre a vu ce soir dans la forêt un sanglier de quatre ans. Demain matin on pourrait le faire reconnaître si monseigneur voulait le courir.

—Non, non ; tu en feras ton affaire, toi ; la chasse commence à me fatiguer ; ah ! je ne suis plus jeune, M. le curé.

Des Adrets laissa tomber ses cartes et appuya sa tête sur sa main, tandis que le curé calculait son jeu, en attendant qu'il plût à son adversaire de continuer la partie.

Le majordome regardait le baron avec tristesse ; l'ancien soldat comprenait la douleur de son général ; il chercha à le distraire.

—Monseigneur, continua-il, nous venons de voir passer un corps de troupes sur la grande route de Bourgoin ; les autres disaient : Ce sont des catholiques ; moi je soutiens que ce sont des protestants. Si monseigneur voulait se rendre au bout de l'allée, il pourrait encore les voir.

— J'y vais sur le champ, mordieu ! dit le baron en se levant. Il y a long-temps que mes yeux sont privés du bonheur de voir une cuirasse sur la poitrine d'un galant homme. M. le curé êtes-vous des nôtres ?

— Je n'ai pas encore dit mon bréviaire, monseigneur, et je profiterai de ces instants, si vous voulez bien le permettre.

— C'est juste, à chacun son métier. Et le baron sortit.

Il ne tarda pas à apercevoir un corps de cavalerie gravissant en silence un plateau qui dominait le village de la Frette. Les rayons de la lune donnaient en plein sur leurs armures ; aussi des Adrets, après les avoir observés quelque temps, saisit le bras de Maillard en disant :

— Par mon ame ! ce sont des protestants ! Que viennent-ils faire si loin de leurs places de sûreté?..... Va, Maillard, reconnais-moi la cornette de ces gaillards-là.

Le sergent partit aussitôt, s'approcha des cavaliers à l'aide d'un bouquet de bois qui bordait la route et revint quelques instants après.

— Monseigneur ! c'est le marquis de Montbrun lui-même.

— Tu me parais effrayé, Maillard ; ce n'était pas ton habitude jadis ; sois tranquille, nous sommes trop petit gibier pour de pareils oiseaux de proie; que ceux à qui ils ont affaire s'en tirent comme ils le pourront ; cela ne me regarde plus.

Il reprit tranquillement le chemin du château en s'entretenant avec Maillard de la culture de ses terres.

II.

— Dieu me pardonne ! monsieur le curé, dit le baron en rentrant dans la grande salle, je crois que vous avez pris mon bréviaire pour le vôtre !

Il s'agissait d'un livre que le curé venait de remettre sur la cheminée. Sa reliure indiquait assez qu'il ne s'était trompé qu'à bon escient.

Le baron l'ouvrit et lut le titre suivant :

Les vingt premiers chapitres de Michel de Montaigne, gentilhomme périgourdin.

— Hé ! hé ! que vous en semble ?

— Ma foi ! dit le curé avec quelque embarras, j'ai entendu répéter si souvent que ce livre était mauvais et que l'auteur ne croyait à rien , que je voulais en juger par moi-même.

— Vraiment ! mon digne pasteur ; je crois, cependant , que dame curiosité était plus forte ici que dame sapience. Allons, ne baissez pas les yeux comme une jeune fille prise en défaut. Je vous le prêterai ce livre , et vous le lirez , surtout pour me dire votre opinion , à laquelle je tiens beaucoup. Il me plait à moi ce bon M. de Montaigne ; il est assez sage pour se rire de tout le monde et de toutes choses , et assez courageux pour le dire ; en outre , il est plus moral qu'on ne le pense. Ecoutez ! Et le baron ouvrit le livre à une des nombreuses pages qu'il avait marquées :

« Des philosophes stoïciens et épicuriens il
» y en a plusieurs qui ont jugé que ce n'était
» pas assez d'avoir l'ame en bonne assiette, bien
» réglée et bien disposée à la vertu ; ce n'était
» pas assez d'avoir nos résolutions et nos dis-
» cours au-dessus de tous les efforts de fortune;
» mais qu'il fallait encore chercher les occa-
» sions d'en venir à la preuve ; c'est l'une des
» raisons pourquoi Epaminondas refuse des

» richesses que la fortune lui met en main.
» Socrate s'essayait, ce me semble, encore plus
» rudement, conservant pour son exercice la ma-
» lignité de sa femme, qui est un essai à fer
» esmoulu. »

— Et ceci, monsieur le curé, n'est-ce pas entièrement conforme à ce que vous prêchiez chaque dimanche ?

« Le but de notre carrière, c'est la mort,
» c'est l'objet nécessaire de notre visée ; si elle
» nous effraie, comme est-il possible d'aller
» un pas en avant sans fièvre. Le remède du vul-
» gaire, c'est de n'y penser pas ; mais de quelle
» brutale stupidité lui peut venir un si grossier
» aveuglement ? il lui faut faire brider l'âne par
» la queue. »

— Tout cela est très-vrai, monseigneur, dit le curé ; seulement, sans me vanter, je crois que je m'exprime en chaire d'une manière plus convenable que votre prétendu philosophe.

— D'accord ; mais le fond est toujours le même ; moi aussi j'ai retrouvé là bien des principes que j'ai mis en pratique dans le cours de ma vie. Voyez plutôt.

Et cherchant une autre page il lut :

« La vaillance a ses limites comme les autres
» vertus. De cette considération est née la cou-
» tume que nous avons aux guerres de punir,
» voire de mort, ceux qui s'opiniâtrent à défen-
» dre une place qui, par les règles militaires,
» ne peut être soutenue ; autrement, sous l'es-
» pérance de l'impunité, il n'y aurait poullier
» qui n'arrêtât une armée. »

Les gens que je battais ont souvent dit que j'étais cruel ; mais ai-je fait autre chose que suivre les principes du gentilhomme gascon ? J'ai toujours cherché à verser le moins de sang possible, et c'est pour cela que j'ai donné quelquefois de la besogne au bourreau. Un mort fait cent poltrons ; c'est mon adage favori. On m'a toujours reproché, et la reine elle-même, quelques centaines d'hommes que j'ai fait tuer à Saint-Marcellin ; mais on n'a pas voulu voir que le lendemain Grenoble, effrayé par cet exemple, avait ouvert ses portes ; que les autres villes du Dauphiné, prêtes à se soulever, sont rentrées dans le devoir. Vous comprenez donc qu'en sacrifiant à propos quelques gentilshommes et bourgeois intrigants j'ai sauvé la vie de plusieurs milliers de braves gens, qui se seraient fait tuer de part et d'autre. Ah! si la reine Catherine, celle qui m'appelait autrefois son compère, ne m'avait pas oublié, je ne demanderais que trois mois pour finir en Dauphiné une guerre qui dure depuis dix ans ; mais laissons cela. Ces souvenirs m'indignent toujours.

En parlant ainsi, des Adrets s'était levé ; il était redevenu ce qu'il était autrefois : les rides de son front s'étaient effacées ; ses yeux brillaient du feu de la jeunesse. Un instant le curé se crut encore à Saint-Marcellin ; mais le baron se rassit, et cachant sa tête dans ses mains, parut oublier tout ce qui l'entourait.

— Il faut espérer, monseigneur, que la nouvelle cour réparera l'injustice de l'ancienne. Notre roi arrive enfin, et c'est bien temps ; car depuis la mort de Charles IX tout va de mal en pis.

— Je crois, monsieur le curé, que le roi Henri est toujours dans son royaume de Pologne. Ces retards me semblent singuliers ;

vous verrez qu'il s'arrangera de manière à perdre ses deux couronnes.

— Tout ce que je peux dire, monseigneur, c'est que ce matin je suis allé à Bourgoin et que le bruit courait que le roi venait d'arriver à Chambéry.

— En êtes-vous bien sûr ?

— A telles enseignes que la garde bourgeoise a reçu des ordres pour se tenir prête ; la maison consulaire, la trésorerie et les principaux notables de la ville doivent aller au-devant de sa majesté. Tout Bourgoin est en émoi ; on ne fait pas plus de préparatifs pour la Fête-Dieu !

A ces mots le curé prit obligeamment une paire d'énormes pincettes, afin de rétablir le feu dont l'édifice venait de s'écrouler en désordre.

— Henri, Henri, dit le baron qui s'était rapproché d'une des fenêtres. Malheureusement pour toi le ciel se couvre, la nuit devient noire, tu serais sur tes gardes ce soir si tu avais près de toi un de ces vieux serviteurs que ton frère et ta mère ont mis au rebut.

CHAPITRE II.

L'Arrivée.

Le roi d'échecs, pendant que le jeu dure,
Sur des sujets a grande préférence;
Si l'on le mate il faut bien qu'il endure
Que l'on le mette au sac sans différence.

GUILLAUME DE LA PERRIÈRE.

CHAPITRE II.

L'Arrivée.

I.

Depuis quelque temps tout était plongé dans le plus profond silence, et le curé avait regagné sa modeste demeure, lorsque des coups redoublés, frappés à la porte de l'enceinte extérieure, réveillèrent les habitants du château. Au même instant, Joanni se présenta dans la chambre à coucher de son maître.

—Monseigneur, des gentilshommes, se disant de la suite du roi de France, demandent à entrer.

— Faites ouvrir les portes, répondit le baron en s'habillant à la hâte; je n'ai jamais refusé l'hospitalité à personne.

Bientôt cinq ou six cavaliers pénétrèrent dans la cour intérieure et vinrent s'arrêter devant le perron, où des Adrets les attendait déjà.

Il était facile de voir, à la lueur des torches, que les arrivants venaient de fournir une longue traite. Leurs chevaux ruisselaient de sueur et pouvaient à peine marcher, à l'exception d'un seul de cette belle race hongroise perdue maintenant, quoique fort estimée alors : son poil sec, sa tête haute, annonçaient que ses forces étaient loin d'être épuisées.

— Voici un noble animal, et digne de monter un prince, dit des Adrets en jetant sur lui un coup d'œil de connaisseur. Un jour de bataille il sauverait son maître, si besoin était.

— Et même un jour de trahison, répondit le cavalier.

On mit pied à terre. Les valets s'emparèrent

des chevaux, et le baron conduisit lui-même ses hôtes dans la grande salle, où l'on venait de rallumer les feux.

Au respect dont on entourait le gentilhomme au cheval infatigable, des Adrets avait promptement deviné qu'il était le chef de la troupe. C'était un homme d'une trentaine d'années, d'une figure pâle, régulière, mais qui paraissait déjà flétrie ; il portait un bonnet fourré, d'une mode étrangère, une casaque de satin gris, doublée en marte zibeline, et des bottes à la turque.

Le baron s'approcha, afin de lui offrir la place d'honneur auprès de la cheminée, puis reculant de surprise il s'inclina respectueusement.

— Sa majesté le roi de France et de Pologne chez son très-humble et très-obéissant serviteur ! dit-il avec un accent dans lequel perçait quelque chose d'amer.

— Par la messe ! Le Guast avait raison, dit le roi ; je ne croyais pas qu'il connût aussi bien les châteaux du Dauphiné. Et se retournant vers des Adrets :

— Monsieur le baron, des traîtres m'ont

attaqué au moment même où je mettais le pied dans mon nouveau royaume et ma vieille patrie. Je me suis vu obligé de fuir à travers champs, en leur laissant tout mon bagage, jarnidieu ! et peut-être même quelques-uns de mes bons amis. A propos, Maugiron et Quélus sont-ils là ?

— Non, sire, répondit le Guast ; mais ils doivent être hors de danger ; ils se seront perdus dans les bois.

— Prions Dieu pour qu'il ne leur soit rien arrivé ; le roi ôtant son chapeau fit le signe de la croix. Heureusement je leur ai donné à chacun une médaille qui préserve des coups d'arquebuses. Mais, monsieur le baron, ma mésaventure a un bon côté, puisqu'elle me met à même de retrouver un des plus anciens et meilleurs serviteurs de la reine ma très-honorée mère.

— Sire, mon seul embarras est de ne savoir comment me montrer digne de l'honneur que vous voulez bien me faire.

— Parbleu ! que cela ne vous inquiète pas ; ne vous donnez ni trouble ni souci, et le roi se laissa aller dans le large fauteuil qui avait fait toute la soirée les délices du curé.

Cependant, les gentilshommes de Henri, habitués à toutes les magnificences des cours et déjà mécontents du gîte que le hasard leur avait donné, ricanaient entre eux près de l'autre cheminée, dont ils s'étaient emparés.

— Vrai Dieu ! disait l'un, où diable nous sommes-nous fourrés ? Ce château date au moins de Charlemagne.

— Et quel est, disait l'autre, ce vieil hobereau qui reçoit le roi comme s'il était lui-même duc de Bourgogne ? Regardez ses chausses et ses souliers arrondis ; je gage qu'il vient de la cour du roi Artus.

— C'est le sire de Beaumont, celui qu'on appelait autrefois le baron des Adrets.

— Ah ! parbleu ! je crois que dans son temps c'était le digne compère de Montbrun. Tiens, vois donc comme il nous regarde.

En effet, le baron, tout en causant avec le roi avait deviné plutôt que saisi quelques-uns de leurs propos ; mais, sans s'y arrêter, il ne tarda pas à sortir de la salle ; car il avait en ce moment bien d'autres soucis.

Maillard l'attendait dans le vestibule. Sa figure était bouleversée ; sortant de sa réserve habituelle :

— Monseigneur, dit-il, sans attendre que des Adrets l'interrogeât, c'est-il bien vrai que ce soit là le roi ?

— Eh ! certainement. Après ?

— Ah ! mon Dieu ! qu'allons-nous devenir ? Que lui mettre sous la dent ? Monsieur le curé, l'autre jour, qui se désespérait croyant recevoir l'évêque ! Ceci est bien autre chose, ma foi !

— Veux-tu te taire, imbécille ! Il faut au moins faire bonne contenance.

— Monseigneur, vous avez bu ce soir les dernières bouteilles de vin vieux, car j'en ai donné douze, il y a quelques jours, au curé.

— Va les lui redemander.

— Et des draps, monseigneur ? et des matelas pour coucher tout ce monde ? Savez-vous qu'une vingtaine de valets et autant de chevaux viennent encore d'arriver ? que l'écurie est toute pleine et la grange aussi ? que, dans un instant, le château ne pourra peut-être pas contenir les nouveaux arrivants ?

— Occupe-toi du souper, envoie le reste à tous les diables.

Maillard fit un profond salut et se retira en se grattant la tête, tandis que des Adrets rentrait dans la grande salle d'un air digne et grave qui ne laissait rien deviner de son embarras.

II.

Bientôt le baron demanda au roi s'il voulait se rendre, en attendant le souper, dans la chambre qu'on venait de préparer; mais celui-ci s'y refusa.

— Vous vous donnez trop de peine, des Adrets. Pas de cérémonies, je vous en prie. Le souper, du reste, viendra bientôt, je pense.

Le baron pensa à son tour que le roi prêtait à son cuisinier la même célérité et les mêmes ressources qu'à ceux du Louvre.

— Sire, dit Loignac (le même qui fut plus tard capitaine des quarante-cinq et le meurtrier du duc de Guise), cette salle est cependant bien froide pour vous. Puis, à voix basse : Je pense que le baron ne veut pas perdre encore l'habitude de la guerre ; car il a donné ici rendez-vous à tous les vents pour s'y livrer bataille. Entendez comme la bise siffle !

— Bah ! le feu est bon !

— Votre majesté devrait au moins changer de linge. Le baron vous en a offert.

— Oui-dà, reprit le roi avec humeur et en mettant le dos au feu. Crois-tu donc que notre vénérable hôte connaisse seulement le nom de toile de Hollande..... Cependant, je ne puis en supporter d'autre. Si encore Dombrowski avait eu l'esprit de nous suivre, au lieu d'aller batailler avec ces damnés de huguenots ; mais non, partout où se donnent des coups, il faut qu'il y soit, même quand il est chargé de ma valise. Loignac, crois-moi, le misérable qui a osé faire main basse sur mon bagage me le paiera cher. Je vais faire proposer, à Lyon, mille écus d'or de récompense pour celui qui pourra me le livrer mort ou vif, ou seulement me le faire connaître.

— Sire, dit des Adrets qui avait entendu ces derniers mots, le livrer ne serait pas chose facile ; quant à le nommer, je vais le faire, moi, sans vous coûter ces mille écus d'or. Cet audacieux demain se vantera hautement de son entreprise et témoignera le regret de n'avoir pu s'emparer de votre royale personne.

— Nommez-le, baron, nommez-le, et sur le champ.

— Le marquis du Puy-Montbrun, sire.

— Montbrun ! s'écria le roi, avec un mouvement bien prononcé de colère. L'insolent ! si jamais je le tiens, son compte sera bon ; il n'aura rien perdu pour attendre, Ce qu'il vient de faire comble la mesure, et dès demain je mettrai à ses trousses tous les archers de la province.

— Des archers ! je doute qu'ils puissent en faire bonne et prompte justice ; car voici deux mois que monseigneur le dauphin d'Auvergne, à la tête de son armée, n'en peut venir à bout.

— Il a donc repris les armes ? Je croyais qu'il se tenait tranquille depuis la dernière paix.

Villequier, pourquoi ne pas m'avoir parlé de tout ceci ?

René de Villequier, grand-prévôt de la cour de Pologne et ministre des plaisirs du roi, ne travaillait qu'à plonger dans la mollesse un prince qui n'y était que trop porté. Jouissant de toute sa confiance en affaires privées ou politiques, c'était lui qui, en Pologne, avait été chargé de toutes les relations secrètes avec la France. Sa règle de conduite était de ne rien apprendre au roi qui pût le faire sortir de son insouciance habituelle.

Au brusque appel de Henri, il quitta les gentilshommes avec lesquels il causait, et s'avançant lentement vers le prince, il attendit une seconde interpellation.

— Monsieur de Villequier, reprit le roi avec emportement, il faut donc que je trouve ici un des serviteurs de ma mère pour apprendre de telles choses ; et vous qui, par la place que vous occupez près de ma personne, devriez tout me dire, vous me jetez comme un vrai fou au milieu de mes ennemis ! Baron, j'estime votre noble franchise ; répondez sans détour ; je veux tout savoir. Où en est Montbrun ? quelles sont ses forces, ses ressources? Parlez !

Villequier se mordit les lèvres, et les courtisans se regardèrent, étonnés de voir traité ainsi le favori du moment.

— Sire, reprit des Adrets, votre majesté n'a qu'à le vouloir et je suis convaincu que M. de Villequier lui expliquera beaucoup mieux que moi ce qu'elle désire savoir.

— Parlez, monsieur le baron, je vous en prie, répondit Villequier avec un de ces saluts qui sont presque une impertinence ; je suis convaincu que vous vous en acquitterez à merveille.

Les courtisans sourirent, pensant que le baron se fourvoyait dans une entreprise toujours difficile, celle d'apprendre à un roi des nouvelles fâcheuses. Mais le baron se redressant de toute sa hauteur : — Je parlerai, sire, puisque vous l'ordonnez, et en soldat peu habitué aux ménagements que ces messieurs connaissent si bien.

Vous savez, sire, que M. de Montbrun fut le premier de tous à lever en France l'étendard de la religion réformée.

— Nous le savons, nous le savons.

— Il lui fera tout avaler, souffla le Guast aux autres courtisans.

— Il fut un temps où M. de Montbrun n'occupait que la seconde place. Sur l'ordre positif de la reine votre mère, je m'étais vu forcé....

— Passons, passons, M. le baron, s'écria le roi avec un déplaisir marqué.

— Que fais-tu donc, Villequier ? dit le Guast à voix basse.

— Je regarde le temps ; je gage que s'il était beau, le roi ne coucherait pas ici.

— Dois-je continuer, sire ? reprit le baron avec calme.

— Oui, assurément ; mais faites-nous grâces de ces détails inutiles pour le moment.

— En partant pour la Pologne, votre majesté crut sans doute à la pacification du Dauphiné ; mais il n'en fut rien : bientôt le marquis s'empara de Nyons en Dauphiné et de la citadelle de Minerbe ; puis il ravagea les environs de Grenoble, pilla la riche abbaye de Virieu, et jeta une telle épouvante dans toute la province, que les religieux de la Grande-Chartreuse prirent des troupes afin de mettre leur couvent à l'abri de ses entreprises.

— Arrivons à ce qu'il fait en ce moment, je vous en conjure, baron.

Tous les assistants partirent d'un éclat de rire, que des Adrets feignit de ne point remarquer; il continua :

— Il y a deux mois que, voulant seconder les protestants de Provence, il s'est emparé de Loriol, de Livron et de toutes les autres villes du haut Valentinois qu'il tient encore ; et il n'y a pas plus de quinze jours qu'il a défait, au Pont-en-Royans, l'avant-garde de son altesse royale le dauphin d'Auvergne.

— Oui, s'écria Villequier ; mais il n'y en a pas plus de huit qu'il a été battu complètement à l'attaque de Die. Dès le lendemain le siége a été mis devant Livron, et tout fait espérer que ce boulevard des huguenots ne tardera pas à succomber.

— Monsieur de Villequier, dans mon temps on était plus poli ; on n'interrompait pas un homme de mon âge et de mon rang, et surtout on parlait d'un ton plus bas devant son souverain.

— Le vieux sanglier a encore ses défenses, dit le Guast à un de ses voisins.

On vint annoncer en ce moment que le souper était servi, et le roi, dans la bonne humeur que lui donnait cette nouvelle, oubliant ce qui venait de se passer, quitta la salle en s'appuyant amicalement sur le bras de des Adrets.

III.

Une fois le repas terminé, des Adrets conduisit le roi dans la pièce qu'on appelait encore la chambre d'honneur, malgré son état de délabrement. Faisant alors à son maître un salut respectueux, il exprima avec dignité ses regrets de n'avoir pas un gîte plus convenable à lui offrir, puis le laissa avec Loignac et Villequier.

Les deux confidents se tinrent debout, tandis que Henri, paraissant plongé dans une profonde méditation, se promenait à grands pas dans cette chambre triste et sombre.

— Que penseront l'empereur d'Autriche et l'électeur Palatin, en apprenant la manière dont je suis reçu dans mon royaume ? Et les habitants de Varsovie ? Mais c'est humiliant ceci, messieurs ! Villequier, il y a de votre faute dans tout cela; vous avez su faire le mal, vous ne saurez pas le réparer.

— Que votre majesté se rassure. Si elle veut bien le permettre, je me charge de la relation de ce voyage.

— Je vais passer une bien mauvaise nuit. Voyez ces draps ! autant vaut dormir dans un cilice. Je n'ai cependant nul besoin de faire pénitence ; car en passant à Rome j'ai reçu du pape l'absolution de mes fautes, et en voici, j'espère, jusqu'à la Pâque prochaine. Mais il n'y a ici ni croix, ni bénitier ; en vérité, le baron est donc encore à moitié huguenot ?

A ces mots le roi s'agenouilla au pied de son lit et pria dévotement pour le prompt retour de Caylus et de Maugiron. Mais bientôt il se releva en disant : Je crois, Dieu me pardonne, que j'ai perdu mon chapelet à têtes de mort, le plus bel ouvrage de Benvenuto Cellini ! Un chapelet qui avait appartenu à saint Louis, et auquel Pie V avait attaché tant d'indulgences plénières et autres ! C'est encore ce Montbrun qui en est cause. Qu'on appelle le baron ; il faut que je lui parle.

Loignac sortit, et des Adrets ne tarda pas à se présenter.

— Vous voici, monsieur le baron ; pourquoi m'avoir quitté sitôt ?

— Sire, je pensais que certaines personnes seulement avaient le droit d'assister à votre coucher.

— Asseyez-vous. La position dans laquelle nous nous trouvons nous affranchit de toute étiquette. Où croyez-vous que soit à présent ce du Puy-Montbrun avec son butin ?

— Probablement, sire, il se sera retiré à Saint-Marcellin.

— Loignac, vous allez sur le champ écrire à M. de Montbrun une lettre telle qu'il la mérite, et vous lui direz que si, dès demain, il ne me renvoie pas mes équipages, je ne lui pardonne de ma vie. Monsieur le baron, vous ferez porter cette lettre à l'instant. Surtout chargez-en un homme de confiance.

Le baron obéit en secouant la tête ; il connaissait assez le caractère de Montbrun pour savoir qu'une pareille mission ne réussirait guères auprès de lui. Il revint bientôt assurer le roi que ses ordres seraient fidèlement exécutés.

— Bien, dit celui-ci ; il me fâcherait de perdre tant de belles choses que j'avais apportées à grand'peine des pays lointains. Mais que M. de Montbrun ne s'imagine pas obtenir rémission de ses fautes ; je vais prendre mes mesures pour le châtier au plus tôt. Loignac et le Guast, mes amis, vous pouvez vous retirer ; vous devez avoir besoin de repos. Les deux gentilshommes sortirent.

— Or çà, reprit le roi, qui était déjà couché, je vous ai gardé, baron, pour vous parler encore de ce du Puy-Montbrun. Le scandale qu'il cause dure trop long-temps. Vous m'aiderez à y mettre fin. Je n'ai pas oublié que ma mère vous appelait son compère ; je veux que vous deveniez le mien.

— Ah! sire, répondit des Adrets, à qui le bon accueil du roi avait fait oublier l'abandon dans lequel il languissait depuis quelques années, ne pouvez-vous pas demander jusqu'à la dernière goutte du sang de vos sujets?

Mais Henri dormait déjà, fatigué qu'il était de sa longue course. Le baron s'en aperçut, et, ne voulant laisser à aucun autre le soin de garder chez lui la personne du roi, il s'assit près de la cheminée. Là, s'abandonnant à ses rêveries, il sentit un sang nouveau circuler dans ses veines; il se croyait jeune encore, prenait part à chaque combat et s'y couvrait de gloire comme autrefois; il se voyait en faveur à la cour, voire même maréchal de France, dignité qu'il avait toujours ambitionnée sans l'avoir jamais demandée. Ce fut au milieu de ces flatteuses espérances que le sommeil s'empara de lui.

CHAPITRE III.

Le Lendemain.

Heureux donc qui de son toit ne bouge,
Qui ne voit le sénat vêtu de robe rouge,
Ni le palais criard ; les princes ni le roi,
Ni la trompeuse cour qui ne tient point de foi.
RONSARD.

Le Lendemain.

I.

Lorsque des Adrets se réveilla, le jour donnait en plein dans l'appartement. Le roi était assis sur son lit, entouré d'une foule tellement brillante et nombreuse que le baron se frotta les yeux, ne sachant s'il rêvait encore. Ce n'était qu'armes étincelantes, habits de velours et de soie, broderies et décorations, chapeaux à plumes blanches, rehaussés d'or, pages élégants et attentifs. Les rayons du soleil levant donnaient en plein sur toute cette magnificence et faisaient ressortir davantage encore la pauvreté du lieu.

La reine-mère, qui s'était rendue à Bourgoin pour attendre son fils, s'était empressée de lui envoyer une partie de sa maison, aussitôt qu'elle eut appris sa mésaventure.

Il y avait le jeune roi de Navarre, qui fut plus tard Henri IV; les ducs de Nevers et de Mayenne, puis les principaux seigneurs de la province, entre autres, les barons de Sassenage et de Bardonnenche, le sire de Gordes, gouverneur du Dauphiné, le duc de Nemours, qui commandait l'armée catholique, et enfin toute la suite nombreuse du roi que l'attaque de Montbrun avait dispersée la veille, les deux favoris Caylus et Maugiron, le fils de l'ancien gouverneur, Jean de Saulx de Tavannes, Gaspard de Schomberg, Roger de Bellegarde, les deux Balsac d'Entraigues et beaucoup d'autres seigneurs et gentilshommes.

Des Adrets venait de se réveiller en sursaut, comme une sentinelle en faute, lorsqu'il crut s'apercevoir qu'un rire ironique sortait du sein de cette foule hautaine et parée. Alors il se leva brusquement et s'avança la tête haute, la poitrine ouverte; tout le monde se tut; le baron, ne trouvant plus devant lui ni regard, ni parole, s'approcha du lit du roi. Celui-ci était occupé en ce moment à causer avec ses deux favoris. Une de ses mains jouait dans la chevelure blonde du jeune de Maugiron; l'autre s'appuyait sur la poitrine de Caylus, comme pour s'assurer qu'il n'avait pas été blessé dans l'échauffourée de la veille. Des Adrets, voyant qu'un profond salut ne suffisait pas pour attirer l'attention de son hôte, prit la parole, afin de s'excuser de s'être laissé surprendre par le sommeil. Mais le roi le regarda d'un air distrait et lui répondit : Je l'ai passée on ne peut mieux, monsieur le baron, je vous remercie.

A tous les regards fixés sur lui, des Adrets sentit qu'il s'était trop avancé et songea à battre en retraite. Mais pour faire bonne contenance il crut à propos d'adresser à Maugiron et à Caylus quelques paroles de compliments sur le danger qu'ils avaient couru et l'inquiétude qu'ils avaient donnée au roi. Les deux gentilshommes ne répondirent que par une inclination de tête.

— Vrai Dieu ! mes amis, s'écria le roi en jetant un regard satisfait sur la foule qui l'entourait, quelle agréable surprise vous me causez aujourd'hui ! je m'endors dans un vieux château presque désert, et je me réveille au milieu de tous les habitants du Louvre. A ces mots, il s'arrêta en voyant la figure affligée du baron.

— Sire, quel est cet homme, dit Caylus en se penchant à l'oreille de Henri ?

— Eh parbleu ! c'est le maître de ce manoir, le baron des Adrets, une bonne lame autrefois ; mais à présent......

— A présent, sire, il commence à radoter, n'est-ce pas ? hasarda Villequier, enhardi par le ton de la réponse.

Le roi se prit à rire ; mais comme ses favoris partageaient sa gaieté, il craignit que l'exemple ne gagnât les autres courtisans :

— Finissez donc, Caylus, dit-il d'un ton moitié sérieux, moitié badin ; est-ce aux anges que vous riez ? on dirait, morbleu ! que vous avez en tête un des contes de ma sœur Marguerite.

— Il est vrai, sire, dit Caylus voulant entrer dans la pensée du monarque, qu'on m'en a fait rire plus d'une fois.

— Ce qui veut dire, paresseux que vous êtes, qu'il vous a fallu un lecteur. Cela ne nous étonne pas. Heureusement tout le monde n'est pas de votre ignorance.

— Il est vrai, sire, répondit le favori en se redressant d'un air de supériorité, que mon père m'a toujours entretenu à l'académie de préférence à l'université.

— Allons, ne te fâche pas. Marguerite pourra bientôt te lire ses contes elle-même, si toutefois le beau Bussy veut bien le lui permettre. Mais ne m'avez-vous pas dit, mon cousin de Navarre, que la reine ma mère et ma bonne sœur m'attendent à Bourgoin? Allons, messieurs, dépêchons-nous. Il ne faut jamais laisser languir les dames.

Ces paroles furent prononcées avec une vivacité qui fit comprendre à des Adrets qu'Henri était aussi impatient de le quitter que de rejoindre la joyeuse cour de Catherine.

Deux pages vinrent alors présenter au roi un superbe pourpoint et un manteau d'une soie admirablement travaillée. Henri sembla considérer ces vêtements avec surprise. Il les prit cependant ; mais après s'être agenouillé quelques instants au pied de son lit :

— D'où vient ceci, s'écria-t-il, je ne me croyais pas aussi riche ?

— Sire, répondit le roi de Navarre, ayant appris ce qui vous est arrivé hier, je me suis permis de vous apporter le cadeau que m'ont fait les fabriques de votre bonne ville de Lyon.

— Par la mordieu ! mes équipages ne sont donc pas encore ici ! Et ce messager, monsieur le baron, est-il de retour ?

Des Adrets sortit et revint bientôt, ne sachant comment rendre compte au roi du résultat de sa mission.

— Eh bien ! qu'y a-t-il, monsieur de Beaumont, parlez donc ?

— Sire, il n'y a pas de réponse.

Le roi pâlit, et l'on entendit dans la chambre une rumeur d'indignation.

— Il faut, reprit Villequier, que ce du Puy-

Montbrun ne soit pas à Saint-Marcellin; car il sait la cour; il a été le favori du prince de Condé.

— Qu'on fasse monter de suite le messager, reprit le roi.

Maillard se présenta encore affublé d'énormes bottes à chaudron et couvert de boue et de sueur.

— Parle, dit le roi, et prends garde à me celer la vérité. As-tu trouvé M. de Montbrun?

— Oui, sire, reprit l'ancien sergent, à telles enseignes que j'ai cru qu'il ne me laisserait pas revenir.

— Tu lui as remis ma lettre?

— Oui, sire; il a répondu que lorsqu'on avait l'épée au poing, le casque en tête, tout le monde était compagnon; que la prise était bonne et qu'il la gardait.

A ces mots, le roi, pâle de colère, promena ses regards sur les assistants pour jouir de l'indignation générale que causait un acte aussi contraire à toutes les traditions des cours.

— Messieurs, dit-il enfin, je jure sur les saints Evangiles que le jour où cet insolent sera en mon pouvoir, il ne trouvera chez moi ni pitié, ni merci ; et maintenant, messieurs, sus, à cheval ; partons, non pour revoir nos maîtresses, mais pour punir un traître. J'ai besoin de sentir l'odeur de la poudre avant de vous conduire à Paris.

— Voilà qui est parler, sire, s'écria Caylus tout joyeux ; les huguenots de ce pays sont si mal appris qu'ils peuvent avoir oublié Jarnac et Montcontour aussi bien que les règles de la civilité ; mais, de par notre noble maître, nous les leur rappellerons.

Le duc de Nemours ouvrit vivement la fenêtre ; sur son ordre le bruit éclatant des trompettes retentit aussitôt. Henri III descendit et trouva rangés sur son passage, non-seulement les troupes que les princes avaient amenées, mais encore la plupart des gentilshommes catholiques des environs. Toute cette noblesse le salua par de vives acclamations. Elle venait d'apprendre qu'Henri avait cherché un refuge chez le sire de Beaumont (ainsi qu'elle se plaisait à appeler le baron, comme pour oublier le sang qu'il avait fait verser, sous le nom de des Adrets) et s'était empressée de venir offrir ses services au nouveau monarque.

Au moment où le roi montait à cheval, le baron s'approcha de lui en portant sur un plateau un flacon de vin d'Espagne et un gobelet d'argent.

— Sire, dit-il, permettez à un ancien soldat de rappeler à votre majesté qu'une bonne lance ne se met jamais en campagne, sans boire le coup de l'étrier. Le roi ne répondit pas; tout entier à ses projets de vengeance, il sauta en selle sans même apercevoir le vieillard.

Impatient de partir, le noble coursier s'agita aussitôt en répétant voltes et courbettes. Le baron attendait toujours, lorsque le sire de Villequier, un sourire malin sur les lèvres, avança la main comme pour s'emparer du gobelet. C'en était trop, exaspéré par tout ce qui s'était passé depuis la veille, des Adrets éclata enfin :

— Depuis quand dois-je servir d'échanson au sire de Villequier? s'écria-t-il en jetant le plateau loin de lui.

Villequier voulut répondre; mais ses paroles

se perdirent sous la voix tonnante du baron.

— Sachez, continua celui-ci, que mon bras n'est pas encore assez rouillé et mon sang assez engourdi pour que je ne puisse soutenir que depuis le moment où vous avez mis le pied sous ce toit protecteur, votre conduite a été indigne d'un galant homme.

Le roi revint sur ses pas.

— Montez à cheval, monsieur de Villequier, et précédez-moi, je vous l'ordonne.

— Sire, puisqu'il le faut, ce sera donc devant vous que j'oserai dire à toute cette jeune et brillante noblesse qu'il y a bassesse à se rire de la pauvreté d'un homme comme moi, et lâcheté à ne pas oser l'insulter en face.

Et le baron promenait ses regards irrités sur tous les assistants. Un murmure général s'éleva.

— Silence! messieurs, dit le roi d'un ton sévère; puis, tendant la main à des Adrets :

— Calmez-vous, mon compère, personne ici ne peut avoir eu l'intention d'insulter mon hôte; autrement ce serait à moi de le punir. Mais partons, messieurs; vous oubliez que je suis attendu à Bourgoin.

II.

Depuis long-temps le roi et sa suite avaient disparu dans un nuage de poussière; les troupes l'avaient suivi; les cours étaient redevenues silencieuses et désertes, et cependant le baron, toujours immobile à la même place, semblait encore attendre une réponse à la provocation qu'il avait jetée.

En ce moment le curé s'approcha de lui d'un air riant et empressé; il était tout émerveillé de la cavalcade brillante qui venait de défiler devant sa modeste demeure; mais à l'instant où il ouvrait la bouche pour féliciter son seigneur de la faveur extraordinaire que la fortune avait accordée aux habitants du château, le baron l'arrêta :

— Monsieur le curé, allons achever notre partie d'hier soir, et rappelez-vous de ne jamais me dire un mot de ce qui vient de se passer ; car je veux oublier les hommes aussi complètement qu'ils le méritent.

CHAPITRE IV.

Les Balmes.

Gordes, que ferons-nous ? aurons-nous point la paix ?
Aurons-nous point la paix quelquefois sur la terre ?
Sur la terre aurons-nous si longuement la guerre ?
La guerre qui au peuple est un si pesant faix.
Sonnet à M. de Gordes.

CHAPITRE IV.

Les Balmes.

I.

On sait que la ville de Grenoble est bâtie à l'extrémité de la belle et riche vallée du Graisivaudan, dans un delta formé par l'Isère et le Drac; et quoiqu'on ne donne à ce dernier que le nom de torrent il l'emporte sur sa voisine par son aspect imposant et la violence de ses eaux. Souvent, à la fonte des neiges, il descend des montagnes large comme le Rhône et plus rapide que lui. Quelquefois même, brisant ses digues, il change en un vaste lac les marais et les steppes arides qui l'entourent et attestent sa puissance, en dépit de la courageuse persévérance que les Dauphinois apportent à l'agriculture.

Les évêques de Grenoble ont long-temps possédé la terre des Balmes, située sur la rive gauche du Drac, entre la Tour-sans-Venin et les Cuves de Sassenage, deux des sept merveilles du Dauphiné. La courte distance qui sépare les Balmes de la ville permettait à ces princes de l'Eglise de venir souvent s'y délasser des travaux de l'épiscopat. Ce sont eux qui firent planter cette belle avenue qui s'élève le long d'une immense muraille de rochers taillés à pic. Des lierres énormes drapent çà et là ces masses arides de leurs rideaux de verdure, comme si la nature prenait plaisir à y faire briller le luxe de sa végétation.

Des grottes mystérieuses se laissent entrevoir à travers les ombrages. Tout est sombre, silencieux dans ce sanctuaire de la nature, et pour lui les ardeurs de l'été n'ont jamais existé ; le soleil, ne dorant que le sommet de ces arbres élevés, semble vouloir en respecter le feuillage.

C'est dans ce lieu que nous retrouvons, par une belle journée du printemps de 1575, Mlle de Montluc et sa compagne Aymonette. Elles marchaient en silence comme pour mieux entendre le murmure des eaux, les gémissements de la brise, et n'avaient besoin que du regard pour se communiquer leurs pensées.

Depuis le jour où Mlle de Montluc s'était montrée pour la première fois en public, lors de l'arrivée des princes à Valence, les années, les chagrins avaient donné à sa beauté quelque chose d'imposant, plus séduisant peut-être que la fraîcheur du premier âge. Il y avait dans sa physionomie l'expression d'une résignation profonde et ce calme si remarquable chez tous ceux dont les espérances n'ont plus rien de commun avec les joies de ce monde. Son costume était entièrement noir et faisait ressortir l'élégance de sa taille, la douceur de ses yeux, et la couleur dorée de ses cheveux tombant sur son front en boucles nombreuses, et formant cette coiffure que déjà l'on appelait à la Marie Stuart.

Quant à la fille de maître Oudard, c'était toujours cette femme aux yeux noirs, au teint bruni, à l'aspect grave et religieux; on l'eût prise pour une de ces saintes filles consacrées depuis long-temps au culte du Seigneur.

— Hé bien! Aymonette, dit Mlle de Montluc en rompant enfin le silence, as-tu fait part à ton père de notre résolution?

— Hélas! combien d'obstacles rencontrent les ames qui veulent suivre leurs saintes inspirations! Mais la grâce divine ne nous abandonnera pas.

— Oui, Aymonette, oui, car c'est la Providence qui a préparé tout ceci, c'est elle qui, après cette terrible journée de Saint-Marcellin, nous a conduites dans un couvent de Lyon; c'est elle qui a permis que mon père fût nommé à l'évêché de Grenoble; c'est elle encore qui m'inspira la pensée de fonder en ce lieu une abbaye de saintes filles; c'est elle enfin qui t'a donnée à moi pour compagne; car, je le sens quelquefois, je faiblirais si tu n'étais pas là pour m'encourager. Aymonette, j'apprécie tous les jours davantage ton amitié, ton dévouement; aussi, sois bien convaincue que ma reconnaissance........

— Ne parlez pas de reconnaissance, madame, autrement je vous rappellerai tout ce que vous avez fait pour ma famille; si mon père est maintenant greffier du parlement de Grenoble n'est-ce pas à vous qu'il le doit?

— Tu ne vois donc pas, reprit en souriant Bérengère, que je suis la seule obligée? Mais espérons que Dieu achèvera son ouvrage, et que nous verrons disparaître tous les obstacles.

— Espérons-le, madame; mais j'ai entendu dire à mon père que le chapitre prétendait à la propriété exclusive des Balmes, et que pour ce il s'opposerait peut-être à ce qu'on en changeât la destination. Il est encore pour moi d'autres difficultés à vaincre : mon père a résisté si long-temps à mes prières, que je crains bien qu'au dernier moment il ne me refuse son consentement; mais le ciel a parlé, j'obéirai. Ah! si vous saviez ce que j'ai souffert! Il m'a attaqué par tout ce qu'on peut regarder comme sacré en ce monde, il a même essayé d'ébranler mon cœur en me rappelant des projets d'union que lui-même autrefois avait été le premier à combattre.

— Je te plains, mon amie, je comprends qu'il est cruel pour toi de renoncer à ce noble jeune homme dont je n'oublierai jamais la courageuse conduite et le dévouement.

— Tout ce que je puis faire pour lui maintenant, c'est de demander chaque jour à la Vierge Marie de le retirer de l'erreur où il est plongé. Croiriez-vous que sans reconnaître la main de Dieu il attribue notre salut au seul courage de M. de Montbrun?

Bérengère tressaillit à ces derniers mots.

— Ah! prions, s'écria-t-elle, prions pour que Dieu nous soutienne toujours.

En ce moment Aymonette poussa un cri d'effroi et montra à Mlle de Montluc un homme qui, après avoir franchi les murs du parc, s'avançait vers elles à pas précipités. Mais la retenant aussitôt :

— O ciel! c'est lui, ne m'abandonnez pas.

Elle venait de reconnaître Jocerand. L'officier

de Montbrun ralentit sa course et prit une attitude respectueuse, tandis qu'Aymonette s'approchait de lui d'un air qui n'annonçait pas que cette entrevue dût avoir le caractère de la plupart de celles qui succèdent à une longue séparation.

— Je croyais, monsieur, qu'il n'existait plus de relations entre nous, et que dans aucun temps vous ne vous fussiez cru le droit de vous présenter chez M. de Montluc d'une manière si peu convenable.

— Et si mon arrivée n'avait d'autre but que de vous préserver d'un danger, vous regretteriez peut-être les paroles que vous venez de prononcer! Je suis venu, mademoiselle, pour parler à madame Bérengère de Montluc; voilà la faveur, la seule faveur que je réclame.

Et Lyonnet, s'inclinant devant Bérengère, lui demanda pardon de la manière dont il se présentait devant elle.

— Ne perdez pas un moment, madame, si vous tenez à votre sûreté; fuyez, retournez à Grenoble, c'est tout ce que je peux vous dire. Adieu, Aymonette, si le sort le permet, nous

nous reverrons avant peu; adieu, on vient.

A ces mots, il disparut.

II.

En effet, l'évêque de Grenoble s'avançait dans l'avenue. Entre autres personnes il avait auprès de lui deux de nos anciennes connaissances, maître Oudard et messire Bouvier. L'évêque, qui s'intéressait à ce dernier, tout en le traitant quelquefois durement, avait fini par lui obtenir la place tant désirée de grand bailli du Graisivaudan, dignité qui obligeait Bouvier à résider près du parlement de Grenoble. Les rapports d'amitié qui avaient existé autrefois à Valence entre ce dernier et maître Oudard avaient repris une nouvelle force depuis que le libraire se trouvait revêtu d'une charge honorifique et anoblissante, qui permettait à l'amour-propre de Bouvier de le traiter ouvertement en ancienne connaissance.

— Monseigneur, disait le bailli à l'évêque,

au moment où Bérengère et Aymonette s'approchèrent du groupe, j'ai appris ce matin par M. le greffier que votre intention était de faire faire des recherches dans les archives des Balmes; espérant vous être agréable, je me suis empressé de me joindre à lui, afin de l'aider de mes faibles lumières.

— Des recherches dans les archives! ah! oui, je vous remercie.

— Il s'agit de savoir, monseigneur, si ce domaine peut s'aliéner *ad majorem Dei gloriam*, c'est-à-dire pour l'érection d'une église, d'une abbaye ou toute autre fondation pieuse.

M. de Montluc fronça le sourcil.

— Messire Bouvier, dit-il, je suis bien aise de vous voir, mais je crois que vous êtes dans l'erreur; vous aurez confondu, sans doute, ainsi que M. le greffier, les intentions de ma fille avec les miennes. Vous pouvez vous épargner la peine d'examiner les archives; comme la première condition pour la fondation d'une abbaye est le consentement de l'évêque métropolitain, le couvent dont vous parlez n'existera pas de quelque temps.

— Oh! comme c'est sagement dit, monseigneur! s'écria maître Oudard.

Bérengère avait entendu.... mais tout entière à la crainte que lui avait inspirée la nouvelle donnée par Lyonnet, elle se hâta de tirer son père à l'écart.

— En voici bien d'une autre! dit l'évêque en riant; ma foi, monsieur le grand bailli, vous arrivez à propos. Comment! pour un homme chargé de la police de la ville, vous ignorez que nous sommes tous menacés de je ne sais quel danger mystérieux, annoncé par un personnage inconnu, un messager ailé probablement, danger d'autant plus terrible que le pays jouit de la plus grande tranquillité; mais c'est fort mal, monsieur le bailli.

Celui-ci se mit à rire, et d'un ton plein de suffisance :

— Que les dames se rassurent; il est vrai que je ne suis que depuis peu de temps à Grenoble; mais depuis lors, au moins, il me semble que le repos public n'a pas été troublé un seul instant.

Un nouveau personnage arrivait en ce

moment. La figure du prélat se rembrunit; il venait de reconnaître messire Truchon, premier président du parlement de Grenoble. Ce magistrat, auquel on ne pouvait refuser de grands talents et une profonde érudition, passait aux yeux des protestants pour ne devoir sa position élevée qu'à la faveur des Guise. Homme de parti avant tout, il était plutôt craint qu'estimé, et ses manières communes contrastaient avec la noblesse et l'indépendance qui distinguaient à cette époque la haute magistrature française. L'évêque l'avait jugé depuis les premiers troubles de Valence et les exécutions auxquelles il l'avait vu présider : il cacha cependant l'éloignement qu'il éprouvait sous les dehors d'une froide politesse.

— Monseigneur, dit le premier président, en me rendant à Noyarey, j'ai appris que vous étiez ici et je n'ai pas voulu passer près de votre Éminence sans lui présenter mes hommages. Je fais comme vous, monseigneur, je profite des premiers jours de calme pour visiter mes domaines. Grâces à Dieu, maintenant nos ennemis n'osent plus approcher du Graisivaudan ;

il est vrai que le parlement a fait assez de sacrifices pour cela !

— A l'exception des subsides, dit le prélat, faisant allusion aux remontrances que la chambre de l'édit venait d'adresser au roi.

— Comment penser à augmenter les impôts dans un pays ruiné par la guerre ! Si vos propriétés ont été respectées, monseigneur, il n'en a pas été de même pour tous. Noyarey, par exemple, a été complètement pillé.

— Noyarey !...... n'est-ce pas un fief que vous tenez de la maison de Sassenage ?

— Il est vrai que ma terre est hommagère de la baronnie..... elle est hommagère d'une patte de lièvre que mon intendant offre à chaque fête de Pâques.

— Ce n'est qu'une cérémonie sans importance, mais j'avais cru, jusqu'à ce jour, que le baron pouvait exiger au besoin le ban, l'arrière-ban, les aides et tous les autres droits de haute suzeraineté.

— Et moi, monseigneur, j'avais cru que tous ces droits étaient tombés en désuétude, car ils étaient le prix de la protection que le suzerain doit à ses vassaux, et personne n'ignore que mon château a été détruit lors de la dernière incursion de M. de Montbrun, sans que le baron ait daigné s'en apercevoir.

— Et ces beaux tableaux qui ornaient votre chapelle, que sont-ils devenus? dit un vicaire général?

— Lacérés, brisés.

— Jésus Maria, quelle profanation!

— Et ces belles éditions qui étaient en si grand nombre dans votre bibliothèque? demanda à son tour maître Oudard.

— Tout cela a été dispersé ou jeté à la rivière.

— Quel sacrilége! les monstres!

Aymonette s'approcha de son père et le poussa légèrement du coude.

— Il est vrai, se hâta d'ajouter le greffier, que les chefs ne peuvent pas toujours répondre de leurs soldats.

— Toutes les fois qu'on se révolte contre son souverain, s'écria le premier président, on est responsable des malheurs que cause la guerre civile; mais patience, on a beau être heureux dans sa rébellion, résister aux armées du roi et au roi lui-même, justice arrive tôt ou tard.

— Oui, reprit l'évêque, en approuvant pour cette fois les paroles du premier président, malheur aux nations où la révolte n'est pas regardée comme un crime !

— Je suis heureux, monseigneur, de vous entendre parler ainsi ; il y a si peu d'hommes qui comprennent aujourd'hui ce que le devoir exige, que...

Il fut interrompu en ce moment par un villageois qui, dans son effroi, put à peine laisser deviner que les protestants venaient de s'emparer du bac.

— Les protestants, s'écria le président ! mais c'est impossible ; il est fou !

— Calmez-vous, reprit l'évêque, ce ne serait pas la première fois que ces braves gens seraient venus nous fatiguer de leurs vaines frayeurs.

Puis, avisant un jeune homme dont le costume indiquait qu'il faisait partie de la garde épiscopale :

— Louis, faites fermer les portes.

— Qu'on s'en garde bien, s'écria M. Truchon,

nous pouvons peut-être encore gagner le Pont-de-Claix.

— Louis, obéissez et faites prendre les armes.

— Monseigneur, calculez-vous tous les dangers que nous courrons si la nouvelle est vraie.

— Rassurez-vous, le pis sera de voir un premier président défendu par un évêque. Voyons, père Leroux, approche et tâche de me parler en homme; qu'as-tu vu? qu'as-tu entendu?

— Entendu? rien.... mais je les ai bien vus du haut de la digue, ces brigands; ils étaient plus de cinquante.

— Qu'est-ce que tu dis donc, père Leroux? Sauf votre respect, monseigneur, ils étaient plus de mille, je les ai comptés.

— Oui, monseigneur, interrompit un troisième, car le nombre des fuyards allait en augmentant, ils étaient plus de mille et faisaient tant de poussière que c'était à ne pas les voir... ils sont passés plus vite que des dragons volants.

— Passés! reprit le second, la peur t'a bouché les yeux : ils sont encore du côté de Sassenage, je les ai vus du rocher de Vouillant, moi, ils ne vont qu'au petit trot.

— Allons, reprit l'évêque impatienté, il faut que je m'assure de la vérité par moi-même.

Au même instant on entendit plusieurs coups de feu.

Bérengère se jeta au-devant de son père.

— Ne sortez pas, ne refusez pas cette grâce à votre fille!

M. de Montluc n'entendait plus rien; il s'élança en avant. Dans les prairies qui entouraient les Balmes, l'évêque aperçut alors des cavaliers serrés en colonne, qui paraissaient résister avec peine à un corps plus nombreux et plus léger, qui les harcelait sans cesse, et dont les charges répétées se succédaient avec plus de rapidité à mesure qu'ils approchaient.

— Si je ne me trompe, c'est la compagnie de M. de Gordes, s'écria Montluc d'une voix retentissante; courons à son aide.

Aussitôt la garde épiscopale, l'évêque en tête, se jetant dans les haies et les buissons, accueillit les protestants avec un feu tellement nourri, que ceux-ci furent obligés d'abandonner leur poursuite.

C'était effectivement le lieutenant général de la province, le sire de Gordes de Simiane. Il vint mettre pied à terre devant le perron. L'évêque l'accompagnait et avait repris sa contenance d'autrefois, son regard de soldat.

— Soyez le bienvenu, monsieur le comte, malgré la frayeur que vous nous avez causée; mais d'où venez-vous si bien accompagné? La cause du roi aurait-elle éprouvé une nouvelle défaite?

— Ma foi, sans vous, monseigneur, c'était plus que probable; mais, de par Dieu, maintenant elle n'a jamais été aussi belle, grâce à vous, je le répète. Ces damnés coquins nous menaient si rude, qu'ils auraient fini par nous reprendre la plus belle plume de leur aile.

Puis, tirant l'évêque à part, il ajouta quelques mots à voix basse. Montluc écouta avec surprise, et sa physionomie trahit une vive émotion.

En ce moment un brancard couvert sortit du milieu des troupes qui encombraient les cours. L'évêque et M. de Gordes le suivirent.

En traversant le vestibule ou Mlle de Montluc et ses femmes s'étaient retirées, une main entr'ouvrit les rideaux de manière à laisser apercevoir un homme couché et se soulevant avec effort.

Bérengère poussa un cri.

CHAPITRE V.

La Nuit.

Père du doux repos, sommeil, père du songe,
Maintenant que la nuit d'une grande ombre obscure
Faict à cet air serein humide couverture,
Viens, sommeil désiré, et dans mes yeux te plonge.
Pontus de Tiard.

Tays-toy, lyon lié,
Par moy seras maintenant deslié;
Tu le vaux bien, car le cueur joly as :
Bien y parut quand tu me deslias.
Epitres de Marot.

La Nuit.

1.

L'audacieux chef de parti qui, depuis tant d'années, luttait avec la puissance royale, avait enfin vu son étoile pâlir. Comme par une perfidie de la fortune, ses derniers succès avaient été les plus grands. Henri III, forcé d'abandonner le siége de Livron, place forte du Valentinois, était retourné à Paris en laissant son armée affaiblie et découragée sous les ordres du sire de Gordes de Simiane; ce général, malgré son expérience et son courage, éprouvait chaque jour de nouveaux échecs, lorsque la fatalité changea la dernière victoire des protestants en défaite irréparable. Après avoir battu l'armée de Gordes dans les environs de Die, le marquis de Montbrun, entraîné par l'impétuosité de son caractère, avait été enveloppé, et son cheval, s'abattant sous lui, l'avait livré ainsi au parti catholique. C'était ce même Montbrun que M. de Gordes traînait à sa suite.

— Savez-vous, monsieur de Gordes, dit l'évêque, lorsqu'il se trouva seul avec le gouverneur, que sa majesté doit se féliciter du choix qu'elle a fait de vous pour commander cette province, car vous venez de lui rendre un bien grand service?

—Mort de ma vie! reprit de Gordes en mâchant sa moustache grise, me croirez-vous? eh bien! je ne suis pas content. Quand j'ai vu tomber ce Montbrun, j'ai crié : Vive le roi! la guerre est finie; mais ensuite quand on me l'a apporté couvert de sang, la cuisse rompue, j'ai vu son échafaud se dresser, j'ai vu le bourreau, et, sur mon salut, j'ai regretté que le marquis ne fût pas mort sur le coup.

— Je vous comprends, de Gordes; mais pourquoi ne l'avoir pas laissé à Valence?

— Vive Dieu! s'il faut l'avouer, j'ai craint un soulèvement de la part de la population protestante, aussi suis-je parti la nuit sans tambour ni trompette. Mais tout n'était pas fini: à quelque distance de Saint-Marcellin je veux passer l'Isère, plus de pont; les gués, impraticables; me voilà donc obligé de m'acheminer le long des montagnes de Lans, ce qui, comme vous le pensez, m'a fait perdre du temps. Aussi ces démons que vous avez vus autour de moi ne tardèrent-ils pas à me joindre et me poursuivre l'épée dans les reins; par tous les diables! sans votre Sainteté il en était fait de nous.

— De Gordes, savez-vous ce que je prévois? Truchon ne sera pas satisfait de voir l'ennemi vaincu, il voudra sa tête.

— Ce ne peut être: le marquis a reçu la parole de MM. d'Ourches et de Rochefort.

— Vous ne connaissez pas cet homme; je l'ai vu à Valence, moi! Mon ami, vous comme moi nous pouvons tomber dans les mains des protestants, et si la parole d'un gentilhomme n'est plus respectée, que deviendront les chefs des plus grandes familles de France? C'est sur elle que la vengeance des huguenots frappera, et ce sera justice. Ecoute, le roi est vengé, Montbrun ne peut plus être dangereux, veux-tu sauver sa vie?.... Confie-le-moi.... tu vas partir..... toi éloigné, qui le protégera?.... sous mon toit je défie ses ennemis personnels..... M'as-tu compris, de Gordes?

— Tu es toujours le même, Montluc, la mître n'a pas changé ton cœur, ta parole me suffit: le marquis n'aura d'autre prison que le palais épiscopal.

II.

L'apparition du blessé avait produit un terrible effet sur Mlle de Montluc. Aussi ce ne fut pas sans peine que sa compagne parvint à la reconduire dans son appartement.

— Ah! s'écria-t-elle alors, c'en est trop!... je ne croyais pas pouvoir supporter de telles douleurs. Mon Dieu, qu'ai-je donc fait pour être ainsi punie!

— Ma noble maîtresse, dit Aymonette, de grâce, ouvrez-moi votre cœur.

Bérengère la regarda fixement comme pour lui reprocher de ne pas deviner la cause de sa douleur, puis tout à coup :

— Quoi! tu ne sais pas que je l'aime, que je l'aime de toutes les forces de mon ame, et cela depuis ma première enfance. Tu ne l'as pas deviné! mais tu es donc aveugle, pauvre fille!.. Parce que, jusqu'à ce jour, j'ai cherché à mentir au monde, tu m'as cru l'ame assez vile pour renier le héros du siècle, mon sauveur, mon époux! Crois-tu donc qu'on puisse oublier son audace à Valence, sa générosité à Saint-Marcellin? Je veux le sauver, oui! je le sauverai. Si, jusqu'à présent, j'ai pu sacrifier M. de Montbrun à ma religion, à ma famille, maintenant qu'il est malheureux, qu'il a un pied sur l'échafaud, je n'écoute plus que ma tendresse pour lui. Oui, je le sauverai!

Aymonette ne pouvait revenir de son étonnement. Cette femme qu'elle avait vue pendant des années si froide, si calme, devenir tout à coup une amante éperdue, prête à tout sacrifier..... c'était pour elle un prodige inexplicable.

— Mon père, mon père lui-même l'admire... Tu te tais, Aymonette, je vois que c'est à tort que j'ai compté sur toi, laisse-moi seule.

— Moi, vous abandonner en ce moment!! Si je n'ai pas répondu plus tôt, c'est que je croyais rêver..... excepté en ce qui touche mon salut éternel, demandez, ma vie est à vous, madame.

— Salut éternel! mais tu n'aimes donc pas?

— Hélas! madame, vous savez cependant que j'ai vu une union douce à mon cœur et projetée depuis long-temps se rompre devant la volonté de Dieu. Croyez-vous que Jocerand soit oublié, lui, qui par sa noble conduite, de simple écolier est devenu un des chefs de l'armée protestante? Madame, j'ai aimé, j'ai bien souffert, je souffre bien encore même, mais la grâce divine me soutient; Dieu sans doute vous accordera la même faveur, à vous, si grande, si généreuse; l'Evangile ne dit-il pas : Frappez, on vous ouvrira.

— C'en est assez : quand la raison est aussi forte, le cœur est bien froid; je vois que je m'étais trompée en comptant sur votre amitié, tout me manque donc à la fois.

— Ce ne sera pas votre Aymonette au moins! Ma conscience m'ordonnait de parler comme je l'ai fait; mais je ne puis me résoudre à vous abandonner dans le malheur; ordonnez, madame, je le répète, je m'empresserai d'obéir.

— Ah! je te retrouve, s'écria Mlle de Montluc, en se jetant dans les bras de la fille de maître Oudard.

— Mon amie, il faut que nous puissions pénétrer ce soir même dans la chambre du prisonnier. Tiens! et ouvrant une riche cassette remplie de bijoux, tiens, prends ces bracelets, ces parures, ne néglige rien, donne tout, s'il le faut.

III.

Depuis long-temps le tumulte avait cessé, les soldats fatigués, se reposant sur la vigilance des sentinelles, se livraient au sommeil; tout était calme ou du moins paraissait l'être, lorsque Bérengère, appuyée sur le bras d'Aymonette, traversa avec précaution les appartements qui la séparaient de la chambre occupée par M. de Montbrun.

Le factionnaire s'empressa d'ouvrir la porte qu'il était chargé de garder.

— Que me veut-on, dit alors une voix faible ? Pierre, qui entre ? Va, mon ami, je ne veux recevoir personne, j'ai besoin de repos; dis à ces messieurs que demain ils auront le temps de jouir de leurs succès.

— Si l'on vient c'est pour vous sauver !

— Mlle de Montluc ! s'écria Montbrun. Il

voulut se mettre sur son séant ; aussitôt un sentiment de souffrance contracta sa figure, un soupir de douleur sortit de sa poitrine, il retomba pesamment sur son lit, tandis que ses yeux cherchaient son ange tutélaire.

— Ah ! si je pouvais vous voir.

La fille de l'évêque ne tremblait plus, elle s'avança.

Rien n'est plus triste et ne prouve mieux la fragilité humaine que la vue d'un guerrier vaincu par ses blessures. Cependant la figure du marquis était encore belle : on voyait un terrible combat sur ce noble front ; la puissance de l'ame luttant contre celle de la matière. L'œil animé de Montbrun, ce je ne sais quoi de martial qui brillait encore sur ses traits, contrastaient péniblement avec ses joues amaigries, ses cheveux en désordre et son corps enseveli dans ce lit en forme de tombeau.

— Merci, Bérengère...Comme votre souvenir m'est doux ! oh ! laissez-moi vous voir, approchez... plus près; c'est bien vous, toujours belle !.......

— Monsieur le marquis.... Voici une livrée

aux couleurs de mon père ; ceci est la clef du parc, maintenant que Dieu vous protége, les portes vous sont ouvertes.

— Je vous remercie, madame, mais je vois que vous ignorez que mon cheval m'a brisé la cuisse; croyez-le, votre voix eût suffi pour me rendre mes forces si le corps sentait comme le cœur.

A ces mots, il fut impossible à Bérengère de résister davantage à son attendrissement; se laissant tomber au pied du lit, elle fondit en larmes.

— Bérengère, dit le marquis en pressant la main de Mlle de Montluc, Bérengère, ne me plaignez plus, car ce moment est un des plus doux de ma vie. Je ne vous suis donc pas indifférent ?

— Indifférent ! Charles, Charles, j'ai soutenu une terrible lutte jusqu'à ce jour......... mes forces sont à bout, que Dieu me punisse si je suis coupable ! Oui, sachez-le bien, depuis le moment où vous êtes venu au milieu de vos ennemis me réclamer comme votre épouse, mon cœur a ratifié notre union, votre souvenir ne m'a plus quittée.

— Tout n'est donc pas souffrance en ce monde ! mon Dieu, je t'en remercie !

IV.

Le jour allait paraître lorsque des clameurs qui retentirent dans le parc des Balmes firent prendre les armes à tous les postes environnants. Un homme était traîné par plusieurs soldats auxquels il cherchait en vain à résister.

— C'est un traître, c'est un espion, il faut le brancher comme un gland. Ah! tu veux trahir! mais nous t'enverrons à Belzébuth ton père, avant que tu n'aies pu nous arracher un poil de la barbe. Au grand chêne! au grand chêne!

Déjà la corde était tendue, lorsqu'un officier se présenta et obtint non sans peine d'interroger le coupable.

— D'où viens-tu ?

— De me promener.

— Réponds autrement, sinon nous allons faire connaissance avec la couleur de ton sang. Tu vois mon épée, une seconde plaisanterie de ce genre, tu serais son fourreau. D'où viens-tu?

— Mon gentilhomme, je suis à Mgr. de Grenoble, et si ces brutaux avaient seulement regardé ma casaque..........

Il ne put achever, une bourrade lui avait annoncé que l'épithète n'était pas du goût des auditeurs.

— Ah! c'est la langue que vous parlez, tas d'idolâtres! Eh bien! je vous répondrai dur et franc. Si M. de Montbrun avait voulu, vous seriez tous en ce moment à rendre compte de vos péchés. Voyez-vous cette clef, Gentils que vous êtes! avec elle mes frères pouvaient s'introduire ici et agir comme les troupes de Gédéon envers les Amalécites. Tuez-moi, si vous voulez maintenant, je ne serai pas le premier que vous aurez assassiné. Mais si vous touchez un seul cheveu de ma tête, cette lettre, qui peut vous sauver tous, ne sera lue par personne.

En prononçant ces derniers mots le malheureux avait placé dans sa bouche un rouleau de papier qu'il commençait déjà à broyer, quand, sur signe de l'officier, les soldats s'éloignèrent.

— Ecoute, maraud, je te donne ma parole que dans une minute ton sort sera décidé. Choisis : être pendu ou me remettre cette lettre et me suivre chez le gouverneur; mais, sans bruit, entends-tu.

— Ah! voilà parler, mon maître. Je reconnais là un gentilhomme; je me tairai, je vous suivrai, mais quant à la lettre, au gouverneur seul je la remettrai, c'est ma consigne.

Puis se tournant vers les soudards qui l'avaient si maltraité, notre soi-disant espion s'écria :

— Au diable, messieurs les papistes, je suis maître Pierre et j'espère que plus tard......

Mais la puissante main de son conducteur arrêta le cours de son éloquence provocatrice.

Fidèle aux habitudes du soldat, de Gordes était déjà debout; aussi ce qui venait de se passer ne lui était point échappé, et l'officier le rencontra à moitié chemin.

— Quel est ce drôle qui s'avise de courir à cette heure à travers mes postes? Allons, soit;

qu'on lui fasse grâce de la corde, mais qu'on le fustige vigoureusement.

— Fustiger ! c'est facile à dire ! et j'aurai là une fameuse récompense pour vous avoir sauvés. Monseigneur, fouettez-moi, pendez-moi, puis vous appellerez cela de la justice.

— T'expliqueras-tu, damné coquin ! Que venais-tu faire ici ?

— Vous remettre ce papier, que le capitaine Lyonnet m'a recommandé de ne donner qu'à vous.

— Enfin ! Qu'on ne perde pas cet homme de vue.... Le fait est curieux, écoutez, Clermont :

« Monsieur le Comte,

» L'état de M. de Montbrun, les ordres qu'il nous a donnés, nous ont fait renoncer à une victoire assurée, car, sachez-le bien, votre vie à tous était en notre pouvoir.

» Cependant, en nous éloignant de ces lieux, je dois vous prévenir que si le marquis éprouvait des traitements indignes de son rang et de son courage, notre vengeance serait terrible. Votre loyauté est trop connue pour que vous puissiez prendre pour vous ces menaces, mais il en est d'autres auxquels cet avertissement pourra servir. Sur ce, monsieur le comte, je prie Dieu de vous donner en parfaite santé, longue et heureuse vie.

» JOCERAND LYONNET,
» Mestre-de-camp dans les armées de la religion. »

— Vous voyez, Clermont, ils n'ont rien rabattu de leur insolence. Cependant nous sommes assez heureux pour qu'ils nous rendent justice; ils daignent avouer que si le marquis a quelque chose à craindre, ce n'est pas de nous.

— Quant à toi, compère, prends cette couronne et tourne les talons au plus tôt.

— Non, s'il vous plait, monseigneur; je suis le valet de M. de Montbrun et je réclame votre protection pour me rendre près de mon maître.

— Allons, qu'on le conduise, et s'il dit vrai, c'est un digne serviteur.

V.

Dans un oratoire orné de riches tentures, se faisait remarquer une statue de la Vierge Marie, entourée de palmes bénites. C'était aux pieds de cette mère des fidèles, que Mlle de Montluc était agenouillée, position qu'elle n'avait pas quittée depuis l'entrevue dont nous avons rendu compte ; quand renonçant enfin à trouver dans la prière le calme qu'elle cherchait, elle se précipita à la fenêtre pour rafraîchir sa tête brûlante et soulager sa poitrine oppressée.

Une vapeur blanchâtre régnait sur la vallée, tout le paysage en sortait peu à peu sous le souffle d'une légère brise, comme du sein d'une vaste mer, tandis que les montagnes, déjà belles et pures, traçaient noblement leurs contours sur l'azur du ciel, et que dans le lointain les clochers de Grenoble réfléchissaient les rayons du soleil levant.

Dans cette nature si belle, si riante, Bérengère cherchait en vain un soulagement à la fièvre qui la dévorait, lorsque l'évêque entra chez elle; et effrayé de l'état dans lequel il la trouvait :

— Ma fille, au nom de l'attachement que vous me portez, calmez-vous, la blessure du marquis n'est point mortelle; les médecins répondent de lui.

— Mon Dieu! je vous remercie, dit Bérengère en levant les mains au ciel.

— Mon enfant, je ne vous demande qu'une chose, c'est de vous rappeler le sang qui coule dans vos veines, la ligne que vous trace notre sainte religion. Croyez que si votre père n'a pu voir un fils en M. de Montbrun, il a su cependant reconnaître ses hautes et belles qualités; c'est moi qui serai son gardien, ma fille; l'évêché sera sa prison.

— Ah! sauvez-le, sauvez-le, je n'ai plus d'espoir qu'en vous.

— Bien, ma fille, votre père ne trompera jamais votre confiance.

— Mais...., entendez-vous, mon père? Ils

partent, ils l'entraînent! courez, ne l'abandonnez pas.

L'évêque sortit, et bientôt les trompettes de la compagnie de Gordes donnèrent le signal du départ.

On vit alors une voiture s'avancer lentement dans la direction de la ville; les troupes sorties de Grenoble occupaient la route. Venaient ensuite M. de Gordes et ses gens, au milieu desquels se trouvaient placés le premier président et les autres personnes qui avaient été retenues aux Balmes par les évènements de la veille. Au moment où ce convoi se préparait à passer le Drac, M. Truchon s'approcha du gouverneur :

— M. le comte, je n'aurais jamais osé vous demander hier le nom de votre prisonnier; mais aujourd'hui, que chacun le sait, j'espère que vous ne regarderez pas comme une indiscrétion les félicitations que vous adresse le premier président du parlement du Dauphiné.

De Gordes s'était trouvé souvent en rivalité avec le premier président; ces paroles lui parurent un reproche, aussi répondit-il sèchement :

— Monsieur le président, quant à moi, je n'accepte point de compliment sur le malheur d'un homme dont j'estime le caractère et admire le courage.

—Mais cet homme, monsieur le gouverneur, n'est-ce pas celui qui osé porter une main sacrilége sur sa majesté lorsqu'elle entra dans son royaume? N'est-ce pas lui encore qui répondit par une plaisanterie à une prière de son souverain? La cuirasse porterait-elle à l'indulgence? quant à nous, esclaves des lois, nous savons toujours faire céder nos sympathies à notre devoir.

— Merci de la leçon, mais il me semble que vous n'avez encore rien à voir en cette affaire; M. de Montbrun s'est rendu à rançon à MM. d'Ourches et de Rochefort; et les porteurs de cuirasses savent toujours faire respecter la parole donnée.

— Vous savez comme moi que nous ne pouvons reconnaître ces conditions; d'après l'édit de Charles V et l'ordonnance de Louis XI, toute convention de ce genre tombe devant l'autorité du roi.

— Ce que je sais, monsieur, reprit l'évêque, qui arrivait, c'est que puisque M. de Gordes veut bien me confier son prisonnier, il restera à l'évêché jusqu'au moment où j'aurai reçu les ordres de sa majesté.

— Vous aussi, monseigneur! Vous êtes entièrement les maîtres, messieurs; mais comme je ne puis reconnaître vos droits en cette circonstance, monsieur de Gordes ne sera point étonné si je fais à l'instant mon rapport au roi.

— Vous ne serez pas le premier, monsieur, j'ai déjà envoyé le mien.

— Je n'en doute pas, mais nous connaissons vos dispositions.

— Et moi les vôtres, reprit l'évêque, vous n'en êtes pas à votre coup d'essai; on sait ici, comme à Valence, que sur les robes rouges le sang ne paraît pas.

L'arrivée de l'escorte aux portes de Grenoble mit fin à cette discussion.

A peine la nouvelle du succès inespéré de M. de Gordes se fut-elle répandue dans la ville, que l'agitation devint extrême. Les protestants s'armèrent et se renfermèrent chez eux, tandis que les catholiques parcouraient les rues en entonnant des chants de victoire, fiers qu'ils étaient de tenir en leur pouvoir le héros du calvinisme.

CHAPITRE VI.

L'Interrogatoire.

Mais je sçay trop comme en justice on use
De mille tours que je crains et redoubte.
                          DOLET.

CHAPITRE VI.

L'Interrogatoire.

I.

 UOIQUE sous les rapports intel‑
lectuels, le Dauphiné ait toujours
occupé en France un des premiers
rangs , il n'y a pas long-temps
que le luxe de la civilisation y a pénétré. Mais
nous devons ajouter que la rapidité des amélio‑
rations a été telle que peu d'années ont suffi
pour changer complètement la physionomie de

cette province. Sa capitale, qui n'était citée autrefois que par la beauté de ses environs, le charme de ses promenades et les agréments des relations sociales, peut s'enorgueillir aujourd'hui de l'élégance de quelques-uns de ses quartiers, de l'intérêt qui se rattache à ses monuments publics, de la régularité de ses nouveaux édifices et de son imposante forteresse que Vauban eût enviée. Mais à l'époque qui nous occupe il eût été difficile au plus zélé Grenoblois de dire comme le troubadour d'Aix : *Ma gente cité*. A part quelques hôtels, tout le reste de la ville était, comme architecture, d'un laid dont il subsiste encore quelques échantillons ; des maisons ressemblant à celles d'à présent comme les dessins à la plume qui décorent les livres des écoliers ressemblent aux peintures de nos grands maîtres : des corridors longs et étroits, des escaliers en colimaçons, le jour échelles périlleuses, la nuit véritables précipices ; enfin, un greffier de nos jours rougirait d'habiter le logis qu'occupait en 1575 le premier président du parlement

Venait d'abord une pièce qui servait à la fois

de cuisine et de salle à manger, comme l'indiquait un énorme buffet de bois sculpté, surmonté d'un dressoir garni de plats en faïence imitant la porcelaine de Saxe; une femme d'une soixantaine d'années était assise près de la fenêtre et filait au rouet; c'était Mlle Marthe, la sœur du premier président. Elle portait une haute coiffe blanche dans le genre de celles qu'on peut voir encore sur la tête des paysannes des environs de Grenoble, un casaquin d'étoffe brune par dessus une robe de toute ampleur et de couleur plus claire. Dans le fond, à main droite, une porte entr'ouverte laissait apercevoir une pièce entourée d'étagères couvertes de vieux dossiers et d'énormes in-folios; c'était le cabinet du premier président. De temps à autre Mlle Marthe, sans arrêter son rouet, adressait la parole à une vieille servante, dont les réponses familières semblaient annoncer peu de penchant à la soumission.

— Manon, je vous ai déjà dit, je ne sais combien de fois, de vous vêtir autrement; vous savez que mon frère n'aime point à vous voir frippée de la sorte..... Par saint François-

Régis, s'il vous a donné un ducat d'or le jour de sa fête, c'est pour que vous vous mettiez d'une manière plus convenable à votre position.

— Mademoiselle Marton, j'étais au service de M. votre frère dix ans avant qu'il ne vous eût reçue chez lui; alors Manon faisait tout bien, depuis tout est mal; que le ciel vous bénisse...

Manon allait continuer le cours de son apologie, et peut-être en serait-il jailli pour le lecteur de nouvelles lumières sur l'intérieur de M. de Truchon, lorsqu'un coup de marteau vint interrompre cette conversation.

— C'est M. le grand-bailli, dit Mlle de Truchon en se redressant d'un air joyeux, ouvre vite, je reconnais sa manière de frapper; mais auparavant ferme la porte du cabinet de mon frère, pour que nous puissions garder un peu ce cher M. Bouvier; il y a si long-temps que je ne l'ai vu.

Il était dans la nature causante et pateline du grand-bailli, d'être bien avec toutes les vieilles femmes, surtout quand elle pouvaient lui être de quelque utilité. Il s'était donc occupé de la sœur du président, d'une manière toute particulière, et n'avait épargné ni façons gracieuses, ni longues causeries, ni aucune de ces petites attentions qu'elle appréciait si bien ; aussi fut-elle grandement étonnée de l'air préoccupé avec lequel il l'aborda ; mais remarquant qu'il portait son costume de cérémonie et tous les insignes de sa dignité, elle se sentit disposée à l'indulgence.

— Comme je suis aise de vous revoir, mon cher monsieur ! Vous n'étiez pas venu ici depuis la Pentecôte, je craignais presque que vous ne vous fussiez enrhumé comme moi ; tenez, je voulais envoyer ce soir Manon savoir de vos nouvelles.

— Grâce à Dieu, mademoiselle Marthe, je ne vais pas mal, mais les affaires qui m'accablent m'ont empêché de venir vous voir ; un grand-bailli est bien à plaindre par le temps qui court.

Et maître Bouvier jeta sur son costume un regard de complaisance.

— Je vous attendais, monsieur le bailli, dit alors le président qui parut à l'entrée de la salle ; nous n'avons pas un instant à perdre, je vous prie de me suivre.

Ils descendirent aussitôt et trouvèrent sur la

place deux conseillers-rapporteurs, maître Oudard, le greffier, ainsi qu'un peloton d'archers à cheval. Bientôt une lourde machine, qu'on décorait du nom de carrosse du parlement, se dirigea vers l'évêché.

II.

Messieurs du parlement ne trouvèrent pas à leur arrivée au palais épiscopal le respect auquel ils étaient habitués; le portier balança pour leur ouvrir, et les domestiques, au lieu de se ranger sur leur passage, battirent en retraite.

La commission attendit long-temps avant que l'évêque voulût bien la recevoir; peut-être ce manque d'égards contribua-t-il à affermir le premier président dans ses projets.

Enfin on vit entrer M. de Montluc. Le président s'avançant alors avec politesse :

— Monseigneur, le roi nous ayant ordonné d'instruire au plus tôt le procès de M. de Montbrun, nous allons délivrer votre Eminence des embarras qui l'ont accablé jusqu'à ce jour.

— Libre à vous, messieurs, de commencer l'instruction quand bon vous semblera.

— D'accord, monseigneur; mais vous n'ignorez pas qu'à moins qu'il ne s'agisse d'affaires de contumaces, la jurisprudence exige qu'on n'instruise une affaire criminelle qu'après s'être rendu maître de la personne de l'accusé.

— Peu m'importe; vos usages ne me regardent point, monsieur; quant à moi, j'ai pour habitude de ne jamais manquer à ma parole, et je l'ai donnée, vous le savez.

— Vous refusez donc de nous livrer le marquis?

— Oui, et vous deviez vous y attendre. Mais tranquillisez-vous, votre temps n'aura pas été complètement perdu, rendez compte de ma réponse à la cour.

— Vous allez, sur le champ, dresser procès-verbal, greffier.

Ecrivez que monseigneur de Grenoble

s'est refusé à vous livrer un homme sous le poids d'une accusation de lèze-majesté, et qu'il a empêché toute communication entre nous et le prévenu, et..............

— Un instant, reprit l'évêque, je vous ai dit que votre volonté ne serait jamais assez forte pour m'arracher M. de Montbrun, mais je ne m'oppose pas à ce que vous l'interrogiez. Je reconnais vos droits, reconnaissez les miens. Vous pouvez vous rendre dans l'appartement du marquis.

— Allons, messieurs les conseillers, allons, puisqu'on veut bien nous le permettre.

L'entrevue de M. de Montbrun et de la commission ne fut pas longue. Le grand-bailli, qui était resté dans la cour avec ses cavaliers, vit bientôt redescendre le président, qui se jeta dans sa voiture sans daigner remarquer que messieurs les conseillers étaient encore loin de lui.

— Eh bien! maître Oudard, dit le bailli, comment cela s'est-il passé?

— Comme je m'y attendais. Le marquis nous a laissé faire tous nos préparatifs; puis ensuite il a tourné le dos à M. Truchon, et n'a pas répondu un seul mot à toutes ses questions.

— Tant pis, monsieur le président n'a pas besoin d'être irrité dans cette affaire.

Ces derniers mots furent prononcés si bas, que maître Oudard les devina plutôt qu'il ne les entendit. Bouvier repartit avec ses cavaliers; le greffier, ses papiers sous le bras, s'achemina de son côté.

Arrivé chez lui, l'ancien libraire jeta sur une table le dossier qu'il tenait à la main, puis, promenant un triste regard sur ce qui l'entourait :

— Toujours seul! murmura-t-il, et se laissant tomber sur un banc, il cacha entre ses mains sa tête blanchie. Tout en se félicitant d'avoir été choisi pour jouer un rôle dans ce drame, car il conservait au fond de son ame le secret espoir de pouvoir être utile au marquis. Il maudissait cependant le jour où l'ambition l'avait saisi; il regrettait son ancienne existence, ses amis des bord du Rhône, surtout sa fille chérie, cette fille qui allait l'abandonner pour se consacrer à Dieu.

Il était encore plongé dans ces réflexions,

lorsqu'un baiser effleura son front; il se retourne; c'était celle qu'il croyait perdue pour lui.

— Ma fille! ma fille! s'écria le vieillard, pressant Aymonette sur son cœur et l'inondant de ses larmes......... Ce n'est rien, ce n'est rien, mais, vois-tu, je tremblais de ne plus te revoir...... Ne crains point de reproches, je ne t'en ferai jamais.

— Eh! vos pleurs, mon père, n'en disent-ils point assez? Je viens pour vous annoncer que la fondation de notre couvent rencontre tant d'obstacles, que Mlle de Montluc s'est retirée à l'abbaye de Sainte-Claire où je l'ai suivie.

— Je ne suis donc pas encore seul en ce monde, mon Aymonette! crois-le, quoique tu fasses, tu seras toujours ma fille chérie.

Cette scène de tendresse fut interrompue par la servante de maître Oudard, qui accourant essoufflée et joyeuse :

— Monsieur, monsieur, ah! doux Jésus, qui l'aurait jamais pensé! savez-vous qui nous arrive?

— Que veux-tu dire? Qui vient m'interrompre? Je n'y suis pour personne.

— Sainte Marie! mais c'est M. Jocerand; il est à deux pas d'ici, il n'attend que de savoir s'il peut entrer sans danger.

— L'imprudent! et Aymonette rabattit sur sa figure le voile de son chaperon : — Mon père, je vous quitte.

— Qu'il entre vite, Catherine, fit maître Oudard en retenant Aymonette, c'est le ciel qui l'envoie.

Catherine n'eut pas le temps d'exécuter cet ordre; Lyonnet était déjà dans les bras de son oncle, qui, enlevant le voile de sa fille, s'écria tout radieux :

— Embrasse-là donc, mon ami.

Lyonnet tressaillit, mais resta immobile.

Oudard secoua la tête d'un air mécontent.

— Tu es furieusement changé; tu as de moins aujourd'hui ce que tu avais de trop autrefois.

— Mes sentiments seront les mêmes jusqu'à la mort, mon oncle; mais j'ai appris depuis long-temps à les renfermer dans mon cœur, à ne pas importuner celle qui ne me voit plus qu'avec déplaisir. J'ai cependant une permission à demander à mademoiselle, lui remettre ce paquet que m'a donné un de nos anciens amis, le curé de la Frette, dans un temps où je n'avais pas encore renoncé à tout espoir.

— M. Simon! le digne homme! si ma fille avait pu le garder pour confesseur!

Et maître Oudard fit sauter l'enveloppe.

— Quel énorme cahier! Ah! voici une lettre; ceci te regarde, mon enfant.

— Lisez, mon père; nous ne pouvons tous que gagner aux conseils de notre respectable ami, lisez:

— Mais laisse-moi le temps d'essuyer mes lunettes.

Puis, toussant deux ou trois fois, il commença:

« Ma chère fille,

» Je vous écris la présente, à l'occasion de M. Jocerand Lyonnet, qui, passant à la Frette, a bien voulu se souvenir de moi et venir me faire visite.

» Je me suis senti vivement affligé en voyant votre cousin persister dans le chemin de l'erreur, mais j'espère que tôt ou tard Dieu, qui l'a doué de tant de qualités, lui accordera aussi les grâces nécessaires à son salut.

» Dans l'entretien que j'ai eu avec lui, M. Lyonnet a bien voulu m'ouvrir son cœur; il m'a fait connaître l'influence qu'avaient sur vous les arguments contenus dans un livre intitulé *Disputationes de omni subjecto*, et son impuissance pour y répondre. C'est donc à sa prière que j'ai consacré à l'examen de cet ouvrage le temps que me laissent mes paroissiens. Dieu me préserve, ma chère fille, d'attaquer l'ensemble d'un livre dont je fais toujours le plus grand cas! mais je dois vous avouer que je trouve le révérend père trop absolu dans certaines thèses et notamment dans celle-ci : *potest-ne mulier catholica nubere heretici*, question sur laquelle jusqu'à présent l'église s'est abstenue de faire aucun règlement, en s'en rapportant à la prudence du clergé.

» Etant jeune, sans expérience, on pouvait craindre que vous ne vous laissassiez séduire, à l'exemple de votre mari, par les apôtres de l'erreur. Aujourd'hui, éprouvée que vous êtes par l'adversité, et connaissant mieux que personne la protection puissante de notre sainte religion, nous devons espérer que la vérité, en passant par votre bouche, finira par faire impression sur notre ami................ »

— Ce digne M. Simon, je le reconnais bien là, s'écria maître Oudard tout radieux, il faut qu'il nous rende encore service, même quand il n'est plus auprès de nous. Eh bien ! Aymonette, qu'en dis-tu ? parle donc ! il me semble que c'est bien le cas de répondre.

Mais la fille de maître Oudard persistait, quoique vivement émue, à garder le silence.

— C'est moi qui vous répondrai, mon oncle, dit à la fin Jocerand, je vois que les conseils de M. Simon ne font aucun effet sur Mlle votre fille. Adieu.

Lyonnet reprit son manteau et son épée.

— Quoi, Jocerand, tu nous quittes ! c'était bien la peine de t'exposer comme tu l'as fait. En vérité, vous avez tous juré de me faire donner au diable. Parle donc, ma fille, ne vois-tu pas qu'il n'attend qu'un mot de toi.

— Monsieur Jocerand........ dit Aymonette, et la parole expira sur ses lèvres.

Cependant Lyonnet était déjà près d'elle.

— Allons, mon ami, reprit Oudard, reste avec nous, qu'as-tu à faire ce soir ? Te compromettre dans la ville, où ta présence est déjà remarquée peut-être; il ne fallait pas tant te prier autrefois et j'avais plus de peine à te renvoyer que je n'en ai aujourd'hui à te retenir.

— Sans doute, mon père, M. Lyonnet a des raisons graves pour en agir ainsi.

— Bien graves, et vous m'approuveriez si vous les connaissiez.

— Dis-les donc, ne nous fais pas languir.

— Ce soir nous avons une assemblée secrète que je dois présider.

— Et pourquoi faire cette assemblée, s'il vous plait, monsieur mon neveu?

— Vous le saurez plus tard, mon oncle.

— Ah! je le devine, encore quelque coup de tête. Tu ne sais donc pas que les protestants sont surveillés, que l'ordre est donné de ne faire quartier à aucun des séditieux et qu'à la moindre résistance les troupes doivent faire feu. Reste, car je tremble pour tes jours.

— Jocerand, dit alors Aymonette en lui

tendant la main, restez; c'est moi qui vous en conjure, au nom de cette vieille amitié que vous dites n'avoir point oubliée.

— Amitié, oui! c'est un mot qu'on emploie quand on n'a plus dans le cœur ni souvenir ni tendresse. Et vous croyez que cela peut suffire pour m'attacher à la vie! Ah! je voudrais que les dangers dont parle votre père fussent encore plus grands.

— Jocerand, pourquoi dédaigner la tendresse d'une sœur, n'exposez pas une vie à laquelle est attachée celle.......... Elle allait encore probablement ajouter le mot sœur; mais Jocerand ne lui en laissa pas le temps et la serrant dans ses bras :

— Ah! je te retrouve malgré toi, ma bienaimée; mais serais-je digne de ton amour, si j'abandonnais celui qui t'a sauvé l'honneur!.... Adieu, rassure-toi, je veillerai sur ma vie, elle m'est trop précieuse maintenant; adieu encore.

III.

Le couvre-feu avait sonné depuis long-temps, lorsqu'un jeune homme de bonne mine, conduit par quatre archers, entra chez messire Bouvier.

— Monsieur le bailli, dit l'un des archers, sans ce démon-là nous vous aurions amené bien d'autres huguenots; mais il nous a si bien tenu tête, que ses camarades ont pu s'échapper; cependant il faut lui rendre justice, une fois votre nom prononcé, il s'est laissé conduire comme un agneau.

— Tel est l'effet du respect qu'inspire l'autorité, reprit Bouvier gravement. Mais cet acte de soumission est arrivé un peu tard. Maître vaurien, vous m'avez tout l'air d'un conspirateur; malheur à vous, si vos réponses ne me satisfont pas. Je vous apprendrai à assister à des réunions clandestines et à résister à ces estimables soutiens du roi et du parlement.

— Si je m'étais attendu à un pareil accueil, répliqua le prisonnier d'un ton décidé, ces messieurs ne se vanteraient pas de leur victoire.

Le bailli fronça le sourcil, et s'adressant aux archers :

— Tenez, enfants, voici ce que ce digne cavalier vous remet par mes mains; j'ai un compte à régler avec lui, et ce n'est là qu'une faible portion de l'amende qu'il va payer au roi, je vous en réponds; allez.

— Jocerand se préparait à continuer ses reproches, lorsque Bouvier :

— C'est vous, infernal démon, vous êtes donc destiné à faire mourir de chagrin tous ceux qui vous sont attachés? Que venez-vous faire en cette ville? Mais pourquoi cet air furieux; m'en voulez-vous de ma réception? Ne comprenez-vous pas que j'étais forcé d'en agir ainsi?

— Ah! je reconnais enfin l'ancien ami de ma famille, mais, de par Dieu! vous auriez pu au moins me faire signe. Votre colère était si bien jouée, que j'y ai été pris.

— Ignorez-vous donc qu'un mot aujourd'hui suffit pour nous faire dénoncer, et qu'alors tout officier public est passible de la confiscation de ses biens, même de la décollation, car sa conduite est assimilée au cas de lèze-majesté? Mais parlons d'autre chose.

Depuis que nous ne nous sommes vus, vous avez fait votre chemin ; j'ai demandé quelquefois de vos nouvelles, et c'est avec plaisir que j'ai appris que cet écolier qui m'avait donné tant de mal était devenu un des principaux officiers de M. de Montbrun.

Les faveurs dont il m'a comblé ajoutent encore à la douleur que j'éprouve, reprit Lyonnet.

— Ma foi, continua Bouvier, au train dont il allait, j'ai cru un instant que c'était vous qui aviez pris le bon parti.

— Il faut espérer que rien n'est encore perdu, une fois le marquis en liberté.....

— Hum! hum! interrompit Bouvier en baissant la voix, les circonstances me paraissent terriblement graves; croyez-en un vieux routier qui a blanchi dans les procédures et qui sait tout le poids que peut avoir un dossier criminel. Les gens de robe n'aiment pas les gens de guerre, et quand ils peuvent une fois leur mettre la griffe dessus, le sang finit toujours par couler. Je connais ce Truchon; il y a quelque vingt ans qu'il était clerc dans la même étude que moi. Croyez-le, si pour plaire à la cour il fallait soutenir, de ses épaules, l'échafaud où montera M. de Montbrun, il le ferait, dût-il rester deux heures les pieds dans le sang.

— Je l'en défie, s'écria impétueusement Lyonnet en se levant, la fureur peinte sur la figure.

— Silence, malheureux, reprit le prévôt tout effrayé, je crois entendre du bruit; on nous écoute.

— Non, répondit Lyonnet, dès qu'il se fut assuré qu'ils étaient seuls, non, ils n'oseront pas; d'ailleurs, dans le parlement nous comptons des hommes probes et intègres; quant aux lâches, ils redoutent quelquefois de se montrer cruels; ils savent que tout notre parti n'est pas tombé avec M. de Montbrun, que nos armées sont encore sur pied, que nos villes fortes ne sont pas démantelées, et que si l'on nous réduit au désespoir, nous pourrions bien faire payer cher ce noble sang à la ville de Grenoble.

— Doucement, mon ami, de grâce, doucement, on dirait, à vous entendre, que je représente ici tout le parti catholique, comme si nous ne nous connaissions pas depuis assez long-temps, pour que vous sachiez ce qui en est.

— Ah! je rends justice à vos intentions.

— Alors, écoutez-moi, et surtout ne parlez pas si haut.

Puis le grand bailli continua :

— Si vous connaissiez les lois ou plutôt si vous ne les aviez pas oubliées, vous sauriez que le président a plus d'un moyen à sa disposition pour faire condamner M. le marquis.

— Je le sais.

— Il peut invoquer l'ordonnance de Louis-le-Hutin, contre Enguerrand de Marigny en 1315, celle de Louis XI, contre Jacques d'Armagnac, duc de Nemours, en 1477, celle de.....

— Oh! finissons-en, grand Dieu! qu'il invoque le diable, son parrain.

— Il saura encore faire valoir les lois et décrets cités, invoqués et rendus à chaque occasion. Il y a même, dans les premiers STATUTA DELPHINALIA, publiés par ordre du dernier dauphin, toute la procédure qui fut dirigée contre le sire de Bardonnenche, ce puissant seigneur, tombé victime du courroux de Humbert II. On ne manquera pas de citer ce cas dans l'espèce, et de s'opposer aux moyens de défense tirés des coutumes et priviléges du pays.

— De par Dieu, s'écria impétueusement Lyonnet, nous savons bien que ce ne sont pas les avocats qui sauveront M. de Montbrun, mais nous qui allons.....

— Je ne puis rien entendre, je ne veux rien savoir, s'écria le bailli alarmé; tout ce que je vous demande, au nom de votre défunte mère, c'est de vous tenir coi et de ne pas vous montrer dans la ville. Mais chut. Ah! c'est le souper qu'on annonce; madame Bouvier, nous vous suivons.

CHAPITRE VII.

La Translation.

Trois grands pendards vinrent à l'étourdie
En ce palais me dire en désarroi :
« Nous vous faisons prisonnier, par le roi. »
....
Puis m'ont montré un parchemin écrit,
Où n'y avait seul mot de Jésus-Christ ;
Il ne parlait tout que de plaiderie,
De conseillers et d'emprisonnerie.
MAROT.

CHAPITRE VII.

La Translation.

I.

Deux mois après les évènements dont nous venons de rendre compte au lecteur, le marquis de Montbrun, étendu sur un lit de repos, s'était fait porter près d'une fenêtre d'où il pouvait jouir de la vue de la campagne et respirer l'air tiède d'une belle journée d'été. Avec quel bonheur le convalescent reposait ses yeux sur la verdure ! avec quelle volupté il aspirait l'air extérieur ! comme il se sentait disposé à voir tout en beau dans ces premiers moments d'une nouvelle vie !

Près de lui était maître Pierre, contemplant son seigneur avec la joie d'une mère qui voit son premier-né arraché au trépas.

— Vous allez bien, aujourd'hui, monsieur le marquis ; vous faites vraiment plaisir à voir.

Puis, versant une potion dans une coupe placée sur la cheminée, il la présenta à Montbrun ; celui-ci fit un geste d'impatience.

— Pierre, laisse-là tes drogues, j'ai bien assez de tous ces breuvages. Je préfèrerais, de grand cœur, un verre de bon vin d'Espagne.

— Ce n'est pas là ce qu'ordonnent les médecins.

— Je ne le sais que trop, morbleu ! mais j'espère que bientôt je serai débarrassé d'eux.

— Ah ! voici M. de Montluc? Dieu soit loué! et le marquis lui tendit la main en souriant.

— Mais, qu'avez-vous, mon ami? que vous est-il arrivé depuis trois jours que je ne vous ai vu? Seriez-vous encore inquiet de moi? vous auriez tort; je vais à merveille maintenant; les médecins prétendent même que je ne boîterai pas.

— Voulez-vous essayer vos forces, marquis? je vous soutiendrai.

— Très-volontiers, monseigneur; et Montbrun, prenant une de ses béquilles, fit péniblement quelques pas en s'appuyant sur le bras de l'évêque.

— Qui eût dit qu'un jour M. de Montluc serait le soutien de M. de Montbrun; mais votre figure est toujours sombre, qu'avez-vous donc enfin?

— S'il faut vous l'avouer, je suis vivement irrité..... Je viens de recevoir un ordre impératif de vous remettre dans les mains de messieurs du parlement. Ils n'y gagneront rien, de par Dieu! mais maître Truchon l'a emporté sur moi, et ne vous garderait-il que vingt-quatre heures, mon amour-propre n'en serait pas moins froissé. J'étais ici le dépositaire de la parole donnée par M. de Gordes, et le silence du premier président m'avait presque fait croire qu'il se reconnaissait battu.

— Asseyons-nous, monseigneur, je me sens

fatigué...... M'avez-vous cru assez peu de force pour ne pas supporter une mauvaise nouvelle? Parlez franchement, ma mort est résolue, n'est-ce pas ?

— Non, sur mon ame, je vous ai dit ce que je savais; et quant à votre mort, personne n'y pense, je crois.

— Eh bien! je connais mieux que vous sa majesté Henri III; il a pu lutter quelque temps avant de se résoudre à m'arracher de vos mains, malgré les lois de la chevalerie; ce pas franchi, croyez-le, ma tête tombera sur l'échafaud.

— Mon ami, vous êtes dans l'erreur, soyez assuré que si le roi était disposé à agir comme vous le supposez, il y a long-temps que votre sort serait décidé; les lenteurs de la cour doivent donc nous faire tout espérer.

— Monseigneur, vous pensez comme moi; mes ennemis viennent de vous donner une trop grande preuve de leur puissance, pour que vous puissiez vous faire illusion. Laissons ce sujet, j'ai une grâce à vous demander.

— Parlez, et par les saints du paradis, s'il est en mon pouvoir, vous serez satisfait.

— Je désire, avant de sortir d'ici, avoir un entretien avec Mlle de Montluc.

— A l'instant même, mon ami.

Et l'évêque sortit vivement ému.

II.

Encore sous l'impression de ce qui venait de se passer, ce dernier avait-il laissé soupçonner à sa fille le danger que paraissait craindre le prisonnier? le fait est que Mlle de Montluc entra en s'écriant :

— Monsieur le marquis, ne me cachez rien, votre vie est-elle en danger?

Montbrun hésita; il y avait à la fois dans lui de la joie et de la douleur; de la joie, car l'amour lui apparaissait dans le désespoir de sa fiancée; de la douleur, car il regardait cette entrevue comme la dernière. Sans répondre, il attira doucement Bérengère près de lui ; elle s'éloigna, et jetant sur lui un regard qui cherchait à lire jusqu'au fond de son ame :

— Votre vie est-elle en danger ?

— Mon amie, que de vaines craintes ne viennent point troubler ces courts instants. J'avais besoin de vous témoigner toute ma gratitude pour votre généreuse conduite; sauver l'homme dont la tête était mise à prix n'était point un devoir, la fatalité avait fait du chef des rebelles un étranger pour vous. C'est donc votre cœur seul qui vous a dirigée; que grâces vous soient rendues, car, répétez-vous-le souvent, ma bien-aimée, c'est à cette démarche que je dois la vie. C'est cette preuve d'amour qui m'a donné la force de supporter mes souffrances, de survivre à la ruine de mon parti. Sans vous, le marquis de Montbrun n'occuperait pas aujourd'hui sa majesté et la cour.

— Eh bien ! c'est au nom de cet attachement dont je me glorifie, que je vous demande avec instance ce que vous pensez de votre position....

. . . .

Pourquoi réfléchir aussi long-temps? vous cherchez à me tromper, je le vois, mais ces subterfuges sont indignes de vous, et, j'ose le dire, une injure pour moi...... Allons, monsieur le marquis, je veux tout savoir, entendez-vous, tout..... Sachez donc que depuis long-temps mes précautions sont prises : si vous courez le moindre danger, partez cette nuit, votre blessure vous le permet maintenant, n'est-ce pas?... Mais parlez donc, au nom du ciel, répondez.

— La parole de votre père est donnée, est-ce à moi à le charger d'un parjure?... Ne m'interrompez pas, je vous en conjure. Entendez-vous ce bruit?.... On vient me chercher. Bérengère, quel que soit le sort qui m'attend, je vous demande une faveur, un engagement, un serment enfin; ne portez jamais un autre nom que celui sous lequel vous recevez mes adieux..... Voici votre père. Au revoir, mademoiselle de Montluc.

L'évêque entra précipitamment.

— Venez, ma fille, retirons-nous, notre place n'est plus ici.

— Je vous suis, mon père; mais avant, je veux charger monsieur le prévôt de mes félicitations pour M. Truchon.

Et s'adressant au prévôt de Grenoble, qui entrait à la tête d'une compagnie d'archers :

— Vous direz au premier président qu'il a remporté là une noble victoire : arracher un prisonnier mourant des bras de ses amis, et cela pour rapprocher encore la victime du bourreau; ah ! ce triomphe est digne de lui.

— Ma fille, je vous ordonne de me suivre.

Et l'évêque entraîna Bérengère.

— A la prison du parlement, s'écria une voix forte.

Bientôt on entendit le piétinement des chevaux, le bruit des armes retentit dans les cours; le cortége s'éloignait.

CHAPITRE VIII.

La Marquise du Puy Montbrun.

Et le nopces de leu saron de funerailles.

La Lhauda,
poème dauphinois.

CHAPITRE VIII.

La Marquise du Puy Montbrun.

I.

LES compagnons d'armes de M. de Montbrun étaient loin de l'avoir abandonné au danger qui le menaçait. Lesdiguières venait de pousser une pointe dans le Forez, où il était parvenu à s'emparer de quelques catholiques notables, entre autres de Bême, assassin de Coligny et favori du duc de Guise. L'espoir de l'echanger contre leur chef put seul porter les religionnaires à épargner la vie de l'homme qu'ils exécraient le plus au monde. Mais ce fut en vain que tout ce qu'il y avait de distingué à la cour se joignit au duc de Guise pour solliciter cette faveur. Henri III resta inébranlable ; le souvenir de ce qui s'était passé lors de son arrivée en France arrêtait dans son cœur tout mouvement de générosité.

II.

Le 11 du mois d'août 1575, on voyait dans les rues de Grenoble une affluence bien plus grande que d'habitude. Jamais le marché qui chaque semaine se tenait à pareil jour n'avait été plus nombreux, plus animé. Au milieu des groupes qui stationnaient sur la place Saint-André, se faisait remarquer près d'une charrette chargée de différents produits des montagnes, un homme dont les traits caractérisés contrastaient avec le costume et le langage. Une large couverture de laine rayée, dans le genre du plaid écossais, le couvrait presque en entier. Il tenait à la main plusieurs pièces de gibier, et ce fut ce qui attira l'attention d'une de nos connaissances, la cuisinière du premier président.

— Combien ces bartavelles, mon brave homme? dit-elle en les considérant avec l'attention d'un cordon bleu.

— Dix sous viennois, répondit le paysan.

— Pour les deux?

— Ah! vous voudriez la paire à ce prix! vous ne paieriez pas la poudre et le plomb seulement. Savez-vous qu'un seul oiseau comme ceux-là a valu à plus d'un pauvre diable dix ans sur les galères du roi.......

— Et voilà pourquoi les francs chasseurs devraient fournir la table du premier président à un taux raisonnable, ils n'auraient peut-être pas à s'en repentir plus tard.

— Ah! vous êtes de la maison de M. le président?

— Il paraît, mon brave homme, que vous ne venez pas souvent au marché, autrement vous ne feriez pas une pareille question. Oui, je suis la gouvernante de Mgr le premier président. Le pauvre homme! il est à la cour depuis ce matin, Dieu sait quand il en reviendra.

— Dix sous viennois les deux! c'est pour rien! mais enfin on ne peut rien refuser à un aussi digne seigneur, prenez-les.

— A la bonne heure! et Manon s'empara des objets de sa convoitise.—On voit bien que vous êtes un bon catholique, c'est chose rare en ce temps.

— Que le Seigneur tout-puissant nous préserve de l'hérésie, répondit le vendeur en faisant un signe de croix, et qu'il accorde une longue vie à Mgr le premier président...... Vous disiez donc, mademoiselle, que votre maître est bien occupé aujourd'hui.

— On le serait à moins; voici huit jours qu'il ne sort pas du palais, et qu'il n'a mangé son souper cuit à point. Ah! ce M. de Montbrun nous donne bien du mal!

— Le général des huguenots? Je ne le plains pas; un de ses lieutenants, le baron de Ponsonna m'a enlevé mon fils pour en faire un archer; j'espère bien qu'on fera justice de tous ces parpaillots-là.

— Ma foi, quant à leur chef je crois que son temps est fini. Je laisserais plutôt brûler toutes mes casseroles, que de ne pas le voir passer lorsque maître Vermeil viendra le prendre pour le mener à la place du Breuil. Maître Vermeil ! voilà un homme poli ; il ne me rencontre jamais sans me dire : Dieu vous garde de mes mains ; le connaissez-vous ? En outre c'est le meilleur mire du pays : c'est lui qui a remis la jambe de mon petit neveu, qui court aujourd'hui plus vite que vous et moi.

— Vous croyez donc que le meneur de la vache à Colas est sur le point de danser son dernier rigodon ?

— Si je le crois ! Madame Vermeil a dit à ma cousine que la grande hache avait été aiguisée hier, et c'en est une fameuse celle-là, elle pèse quarante livres, d'autres disent soixante. Aussi faut-il le poignet de maître Vermeil pour s'en servir aussi gentîment. Ah ! voici le concierge du palais, il faut que je lui demande si la séance durera encore long-temps.

Bientôt Manon revint en se frottant les mains.

— Réjouissez-vous, l'antechrist va passer le pas; quel beau jour pour tous les bons catholiques !

Pendant ce temps, le paysan avait attelé son cheval.

— L'arrêt est donc rendu ?

— Oh non ! mais on le connaît.

— Hé ! dites donc, l'homme ! vous partez ! et votre argent ?

Mais le montagnard s'était éloigné avec une rapidité qui eût fait deviner à un observateur que son cheval méritait un emploi plus noble que celui auquel il l'avait assujetti. Il ne s'arrêta que près des remparts, dans une rue étroite et déserte, à la porte d'un chétif cabaret, où plusieurs voix discordantes chantaient en chœur cette ancienne ballade dauphinoise :

La Pernette se lève quatre heures avant le jour, etc.

Après avoir écouté quelques instants, il

entra dans une écurie qu'il ferma avec soin. Jetant alors sur le sol les provisions qui paraissaient être son seul chargement, il tira de sa charrette des armes et des munitions de guerre, qu'il s'empressa de cacher sous un monceau de paille. Comme il achevait cette opération, on frappa à la porte.

— Chanvre et chamois, dit une voix rude.

Et une autre ajouta :

— Du mont bruira du Seigneur la louange.

A ces mots d'ordre, la porte s'ouvrit et deux hommes entrèrent.

L'un était d'une taille athlétique, ses bras et sa poitrine étaient nus, ses cheveux en désordre étaient couverts d'une poussière blanchâtre, et les filaments d'étoupes répandus sur sa personne indiquaient suffisamment sa profession de peigneur de chanvre. L'autre était d'une constitution moins vigoureuse, ses vêtements ne manquaient pas d'une certaine élégance, et un large tablier de peau blanche était attaché devant lui. C'était un des syndics des gantiers...

— Raffin, dit à ce dernier le montagnard, il faut que demain les couteaux et les ciseaux de vos frères fassent une autre besogne que d'habitude.

— Le plus tôt vaut le mieux. Dès que le signal sera donné, vous pouvez être sûr qu'une bonne partie de la corporation coudra et coupera de manière à faire honneur aux gantiers de Grenoble, s'ils en avaient besoin. Les tanneurs, de leur côté, ne resteront pas en arrière, car nos états se donnent la main.

— Et moi, reprit le compagnon de maître Raffin, je vous promets que tous les tisserands et peigneurs de la religion prouveront que les os des papistes sont plus faciles à casser que des brins de chanvre séchés au soleil.

— Voilà qui est parler, vive Dieu! reprit le paysan.

Et soulevant une botte de paille :

— Ici sont des outils que je vous confie.

— Soyez tranquille, nous nous chargeons de la distribution.

— Allons, mes amis, espoir et courage. A ce soir, vous savez où.

A ces mots le paysan entra dans le cabaret. C'était une salle basse et enfumée, suffisante à peine pour contenir les longues tables autour desquelles étaient assis les buveurs. L'hôte, jetant sur lui un regard d'intelligence, lui désigna de l'œil un homme isolé, assis près de la fenêtre unique qui éclairait ce misérable réduit.

A son chapeau garni de plumes, à son large ceinturon, on reconnaissait un soldat. Faisant exception aux habitudes de ceux de sa profession, il paraissait triste et pensif; la petite mesure de vin qu'il avait devant lui était vide depuis long-temps, sans qu'il eût songé à la renouveler. Après l'avoir considéré un instant avec attention, le nouveau venu se plaça sans cérémonie en face de lui.

— Est-ce bien toi en corps et en esprit, frère Jacques? depuis six mois je te croyais pendu.

— Il ne s'en est pas fallu de beaucoup, mordieu! J'ai vu un instant où la corde et mon cou étaient plus près l'un de l'autre que le gant de la main; et toi, que fais-tu, accommodé de la sorte?

— Je te le dirai. Mais comment t'es-tu tiré

de leurs griffes ? on disait que ta tonsure t'avait porté malheur.

— J'ai été échangé.

— Allons, il paraît que Belzébuth ne veut pas encore de toi.

— Maître Pierre, interrompit le soldat en frappant la table du manche de son couteau, pas de mauvaises plaisanteries, s'il te plait; tu sais qu'une fois déjà l'acier que voici a été sur le point de faire connaissance avec tes côtes.

— Allons, ne te fâche pas, et dis-moi un peu ce que tu manigances ici.

— Eh! parbleu, où veux-tu que j'aille? Ne sachant où vous rejoindre, j'ai changé ma cocarde et je suis resté dans cette ville damnée où je crève de faim et de soif.

— Père Landry, s'écria maître Pierre, hâtez-vous d'apporter une pinte du meilleur vin de la vallée, et couvrez un peu cette table, ce brave gentilhomme voudra bien me tenir compagnie. Allons, frère Jacques, je suis bien aise de t'avoir retrouvé, tu arrives à propos, ajouta-t-il à voix basse; on peut compter sur toi?

— En doutes-tu?

— Eh bien ! apprends que nous ne sommes pas aussi malades que le croit ce vieux ladre-vert de président ; vidons ce pot, et je te conterai tout cela en nous promenant sur les bords de l'Isère.

III.

L'angelus sonnait encore au couvent de Sainte-Claire, les sœurs prosternées au pied des autels faisaient déjà retentir ces antiques voûtes de leurs chants harmonieux, quand une agitation inaccoutumée se fit remarquer dans la chapelle. Un homme de haute taille, au teint basané, à l'air résolu, avait effrayé les fidèles rassemblés dans cette partie de l'église qui leur était réservée ; secouant fortement la grille du sanctuaire, il s'écriait d'une voix forte et accentuée :

— De la part de monseigneur, évêque et

prince de Grenoble, ouvrez; je porte un message important pour madame sa fille. L'abbesse indignée s'était levée, quant Mlle de Montluc, reconnaissant Lyonnet, s'approcha d'elle, et après avoir échangé quelques mots, obtint que le perturbateur serait conduit au parloir, où elle désirait l'entendre.

— Qu'avez-vous fait, monsieur, ne connaissez-vous pas les règles des saints lieux que j'habite?

— Au nom du ciel, madame, reprit Jocerand, ne perdons pas une minute; ici comme aux Balmes le but justifie les moyens. Je me suis présenté à la porte, elle m'a été refusée, quoique j'aie emprunté le nom de M. votre père. Que pouvais-je faire alors? ce que j'ai fait, eût-il dû m'en coûter la vie. Apprenez que le premier président, informé du départ de monseigneur pour Lyon, où le roi se trouve en ce moment, a décidé que la cour jugerait sans désemparer. Partez donc, madame; vous seule pouvez, soit en prévenant votre père de ce nouveau trait de perfidie, soit, si vous vous en sentez le courage, en vous jetant aux pieds de sa majesté et lui dévoilant les haines auxquels M. de Montbrun est livré, retarder au moins le coup qui doit le frapper; et c'est là tout ce que nous demandons.

Bérengère demeura foudroyée par cette terrible nouvelle. Mais bientôt tous les moyens qui pouvaient s'offrir pour sauver l'homme qui lui était cher traversèrent son esprit..... Sa résolution fut prise.

— Partir pour Lyon, est impossible : je ne puis ni ne dois m'éloigner de cette ville ; soyez ici demain matin, on vous ouvrira. Et lui tendant la main : Adieu! monsieur Lyonnet, je n'oublierai jamais votre généreuse conduite; de votre côté, soyez convaincu que tout en me refusant à la démarche que vous sollicitez de moi, rien ne me coûtera cependant pour m'acquitter envers M. de Montbrun.

Lyonnet s'éloigna mécontent, et convaincu que sur lui seul maintenant reposait le salut de son chef.

IV.

Aussitôt que les ombres de la nuit commencèrent à s'étendre sur Grenoble, maître Pierre et l'arquebusier, vêtus en bons fermiers, montés sur de vigoureux chevaux, sortirent de la ville. A cette époque, les belles prairies, les terres cultivées qui s'étendent à l'ouest de Grenoble, n'étaient qu'un vaste désert couvert de sables, d'arbustes épineux, et exposé sans cesse aux ravages du Drac, qui promenait son cours inconstant dans toute cette étendue. Pierre et son compagnon traversèrent rapidement ces lieux, puis, changeant de direction, remontèrent le cours du torrent. Des montagnes noires menaçantes se dressaient autour d'eux ; on n'entendait d'autre bruit que le galop mesuré des chevaux, et les mugissements du Drac, qui lançait avec force sur ses rives les galets et les quartiers de rocher qu'il entraîne avec lui.

A quelque distance des lieux où le Drac s'unit à la Romanche, existe un étroit passage d'où sortent avec impétuosité les eaux de ce dernier torrent ; ce sont les gorges de Godard. Des deux côtés, le roc se dresse perpendiculairement, comme s'il eût été coupé en deux par le glaive d'un Encelade. Autrefois, en traversant l'étroit sentier tracé sur le flanc du rocher, les voyageurs se racontaient mainte histoire lamentable, où toujours les précipices de Godard jouaient le premier rôle.

C'était là, sur une langue de terre qui s'élevait au-dessus des eaux, que les chefs de l'armée protestante avaient donné rendez-vous à leurs partisans, afin de s'entendre avec eux sur les dernières mesures à prendre pour le coup de main qu'ils voulaient tenter.

Une compagnie de chevau-légers éclairait les abords, des sentinelles couronnaient les hauteurs, la lueur tremblante des feux glissant sur l'eau et le long des rochers était le seul guide des arrivants. Après avoir échangé le mot d'ordre, maître Pierre et son compagnon s'avançaient avec confiance, lorsque Lyonnet les arrêta.

— Quel est l'homme qui te suit?

— Oh! ce n'est pas un nouveau celui-là, je vous en réponds sur ma tête, c'est frère Jacques, vous le connaissez bien.

— Ah! ce moine défroqué; mais que nous veut-il?

— Vous offrir un cœur à l'épreuve et une main assurée, répondit le soldat en se redressant.

— Allons, c'est bien, restez avec les chevau-légers; toi Pierre, suis-moi.

Ce dernier voulut répondre, mais Lyonnet, lui imposant silence d'un geste impératif, se dirigea avec lui vers l'assemblée.

Après avoir renouvelé connaissance avec plusieurs de ses anciens compagnons, Jacques profita de la liberté qui lui était laissée, pour s'écarter de la ligne qu'ils formaient, et à la faveur de l'obscurité s'approcha du lieu de la réunion.

Bientôt les qui-vive des sentinelles annoncèrent les principaux conjurés de Grenoble.

Il y avait des chefs de corporations, des clercs de la basoche, des marchands, des anciens soldats et enfin plusieurs personnages influents dans la noblesse et la haute bourgeoisie ; lorsque le silence se fut établi, un maître clerc s'empara le premier de la parole :

— Messieurs, au nom de la basoche que j'ai l'honneur de représenter, corps d'autant plus respectable qu'il ne se cache jamais quand il pleut des horions, je viens : 1° vous assurer que vous pouvez compter sur les rapières et le bon vouloir de tous mes camarades ; 2° je vous demanderai en leur nom, *in loco basochiæ nostræ*, quels sont les moyens dont disposent les chefs ici rassemblés, quelle est la marche, le système qu'ils ont cru devoir adopter ; 3° je vous exposerai...

— Assez causé, l'avocat, s'écria alors maître Raffin, le syndic des gantiers. Pour moi, voici mon affaire : M. Lyonnet, que vous voyez là, est un enfant de la ville ; j'ai connu son défunt père, qui était de la partie, aussi ai-je écouté le fils quand il est venu chez moi et m'a dit : Père Raffin, est-ce que nous laisserons couper la tête à M. de Montbrun, sans tailler quelques paires de gants dans la peau de ces papistes? Moi j'ai répondu : C'est un brave homme que notre marquis; quand vous direz : Tapez, nous taperons; et voilà. A ton tour, Roudier, parle donc.

— Ma foi, dit le peigneur de chanvre, tu as si bien dégoisé que je n'ai plus rien à dire. Seulement, ce qu'il y a de sûr, c'est que les peigneurs peigneront dur, les tisserands remueront leurs navettes, que ce sera un plaisir rien que de les voir; pour les serruriers, tout le monde sait comme ils cognent.

D'autres conjurés se succédèrent rapidement en établissant, peut-être avec un peu d'exagération, les forces dont ils pouvaient disposer; lorsque le vieux sire de Cugié, qui commandait, quoique étranger, l'armée protestante, sur laquelle il avait acquis une grande influence par ses rapports intimes avec Calvin, prit enfin la parole :

— Nous remercions, au nom de l'armée religionnaire, les protestants de la bonne ville de Grenoble. Le petit nombre de troupes que nous

avons pu réunir est arrivé à marches forcées.
A l'heure qu'il est, notre cavalerie bivouaque
dans la plaine de Vizille ; nos gens de pied occupent les montagnes : ces dispositions nous
donnent l'assurance du succès, si chacun fait
son devoir; mais nous n'avons pas un instant à
perdre, car d'après les nouvelles qui m'arrivent
de Grenoble nous devons craindre que demain
à midi le martyr ne soit conduit à l'échafaud.
Capitaine Lyonnet, vos dispositions sont prises,
la ville vous regarde, vous le savez : au signal que
vous donnerez nous marcherons. Moi, je vais
réunir mes gens dans les îles du Drac, de manière à me trouver en quelques minutes devant
la porte Romaine, et alors, avec la grâce de
Dieu ! M. de Montbrun nous conduira bientôt à
la victoire. Maintenant, mes frères, chacun à
son poste; et que le Seigneur nous protége !

V.

— Que le diable emporte papistes et huguenots, disait frère Jacques, seul, à pied au milieu des champs. C'est à peine si je peux maintenant retrouver ma route, et cependant le vent siffle, la pluie tombe. Tire-toi d'affaire comme tu pourras; demain, si on a besoin de toi, tu seras un brave et loyal archer, aujourd'hui tu n'es qu'un moine défroqué, ainsi qu'a su te le dire M. Lyonnet, qui te fait garder à vue comme un espion et donne par dessus le marché ton cheval à un autre. Cela n'empêche pas que je ne connaisse toute son affaire. Il fait le seigneur maintenant ce Lyonnet. Ah! les grands, les grands! On ne gagne que des coups à leur service, ils s'arrangent toujours de manière à manger le gigot et à ne nous laisser que le manche... Beau métier vraiment, que de recommencer à porter l'arquebuse à six livres de paie!

En ce moment le galop d'un cheval interrompit les réflexions du soldat; c'était maître Pierre, qui accourait à toute bride.

— Ah! c'est toi, Jacques, je t'ai cherché partout. Allons, en route, les autres sont rentrés. Je ne sais si nous pourrons passer maintenant.

— Il n'y a point de mal, reprit tranquillement l'arquebusier; comme tu ne venais pas, j'ai pris les devants. Puis il sauta en croupe de maître Pierre, et le vigoureux coursier reprit son allure sans s'inquiéter de ce double fardeau.

— Dis donc, Jacques, as-tu vu comme M. Lyonnet faisait le fier?

— Moi! non, je ne m'en suis pas aperçu.

— Il y a des gens qui valent mieux que lui et qui ne sont pas si hauts, à commencer par mon maître. Je t'avais mené à cette assemblée afin de te présenter au capitaine et lui faire part d'une idée que j'avais..... Mais il n'a pas seulement pris la peine de m'écouter; que la peste l'étouffe! Si tu veux nous arrangerons ça à nous deux.

— Achève, je ne te comprends pas.

— Chut ! nous voici arrivés, je te l'expliquerai tout à l'heure.

Maître Pierre laissa son cheval dans le faubourg, puis, se dirigeant vers une faible lueur qu'on remarquait sur les remparts, il traversa les glacis et donna avec précaution un coup de sifflet. Aussitôt une échelle de cordes s'abaissa. Ils se trouvèrent dans la ville.

VI.

Quelques heures avant la réunion des protestants, lorsque la séance du parlement fut terminée, que la foule qui couvrait la place Saint-André se fut écoulée, que le silence eut remplacé l'agitation, M. de Montbrun vit s'ouvrir, à une heure inaccoutumée, la porte de son cachot. Une femme entra, et s'avançant d'un pas ferme, s'arrêta devant le marquis, muet et immobile d'étonnement.

— C'est moi !.......

— Mademoiselle de Montluc en ces lieux!

— Ne m'appelez plus ainsi, rappelez-vous notre dernière conversation : je suis la marquise du Puy Montbrun. Cette union rompue autrefois, vos malheurs, vos souffrances, vos dangers la renouent aujourd'hui. Ecoutez : je sors de chez le premier président, je lui ai demandé pardon..... oui, monsieur le marquis, pardon! pour moi qui l'avais insulté, pour vous, qui avez écrasé sa bassesse de votre grandeur d'ame; je me suis jetée à ses genoux......., j'ai pleuré. Il a paru attendri, il m'a dit que l'exécution serait renvoyée à trois jours, afin que mon père eût le temps de fléchir le roi; mais ensuite, quand toute joyeuse je lui ai demandé l'entrée de votre prison, il m'a refusé, en me disant que la loi n'accordait ce droit qu'à votre fille, votre mère ou votre femme; alors je suis venue, j'ai dit au geolier : Je suis madame de Montbrun, je veux voir mon mari, je le veux, j'en ai le droit : les portes se sont ouvertes.

— Bérengère, c'est là un beau et noble mouvement, mais en avez-vous calculé toutes les conséquences?

— Toutes.

En ce moment un conseiller-rapporteur entra suivi de plusieurs gardes, et, après avoir salué le marquis, lut l'arrêt suivant :

« ....

» Sur la requête présentée par le procureur du roi, la cour déclare Charles du Puy, seigneur de Montbrun, coupable du crime de lèze-majesté pour rebellion contre la personne du roi et entreprises sur l'état, le condamne à avoir la tête tranchée dans les vingt-quatre heures et déclare ses biens acquis à la couronne. »

La funèbre apparition disparut.

— Madame, dit ensuite le geolier, si le condamné veut s'occuper du salut de son ame il est temps de vous retirer.

— Non, dit Bérengère, en levant les yeux sur un crucifix placé au fond du cachot, non, je reste !

CHAPITRE IX.

La Place du Breuil.

Dites, Romains, je vous prie,
Qui est ce corps que l'on suit?
Que veut ce peuple qui crie?
Pourquoi fait-on si grand bruit?
Complainte de DU BELLAY.

CHAPITRE IX.

La Place du Breuil.

I.

Parmi le petit nombre de catholiques qui, par leur position spéciale, devaient connaître l'arrêt de la cour, il y en avait un sur lequel cette nouvelle venait de faire une profonde impression ; c'était le grand bailli. Depuis que Lyonnet lui avait laissé deviner les projets des protestants, Bouvier s'était trouvé dans un terrible embarras. Ce fut bien pis lorsqu'il apprit la condamnation de M. de Montbrun et la prompte exécution qui devait la suivre ; alors, obéissant au mélange de bonté et de faiblesse qui faisait le fond de son caractère, il résolut de ne prendre aucune part à cet acte de vengeance politique. Après une nuit passée à méditer sur le résultat de la neutralité qu'il comptait garder le lendemain, il finit par prendre un grand parti : sortir de chez lui à la pointe du jour, avec l'intention bien formelle de n'y rentrer que le plus tard possible.

Au-dessus des faubourgs de la Perrière et de Saint-Laurent s'élève, sur la rive droite de l'Isère, la pointe occidentale du Mont-Rachet. Ce fut là que maître Bouvier dirigea ses pas, après avoir franchi la rue étroite et rapide qu'on nomme encore la montée de Chalemont. De ce point élevé il espérait connaître plus tôt le résultat de la lutte qu'il prévoyait.

L'agitation et l'inquiétude du grand bailli lui firent oublier un principe bien connu : *Montez lentement, descendez de même et irez longuement;* aussi, au tiers de sa course, fut-il forcé de reprendre haleine. S'asseyant près des remparts du fort de Rabot il promenait ses regards sur la belle et riche vallée du Graisivaudan et la ville entière qui se déroulait à ses pieds, quand il fut distrait de ses observations par un personnage qu'il ne s'attendait guère à trouver là; c'était le prévôt de Grenoble.

— Ah! vous voici enfin! dit ce dernier à Bouvier en lui frappant sur l'épaule, c'est heureux; depuis le lever du soleil le premier président vous fait chercher partout; puis avec un gros rire : il vous accusait presque de trahison.

— Moi!

— Oui, vous! pourquoi cet air effaré? Soyez tranquille, nous nous en tirerons à notre honneur. Mais il faut avouer que ce diable d'homme nous a rendu un grand service. Le président sera bien étonné quand il saura que vous étiez le premier au poste d'observation; car il était loin de vous croire prévenu. Quand ce soldat vous a-t-il donc parlé?

— Mais..... il y a long-temps.

—Long-temps! c'est singulier, l'assemblée n'a eu lieu que la nuit dernière..... Tenez, en vérité, je crois que ce misérable a dit vrai, regardez!

Et il lui montrait un tourbillon de poussière qui, courant avec rapidité le long du Drac, allait se perdre dans les bois situés entre le torrent et la ville.

— Bailli, hâtons-nous; car vous savez que le président veut qu'avant une heure tout soit terminé. Courez chez lui; quant à moi, je me charge des troupes et des archers.

Ils descendirent alors en toute hâte, mais au lieu de se rendre directement chez M. Truchon, le bailli s'arrêta dans une rue déserte, où, à l'abri des regards inquisiteurs, demeurait depuis son arrivée à Grenoble le neveu de maître Oudard.

Après avoir pris ses dernières mesures, Jocerand venait de rentrer chez lui, lorsque le bailli se présenta pâle, agité, et si brusquement, que Lyonnet porta involontairement la main à son poignard.

— Mon ami, s'écria maître Bouvier, je vous préviens que tout est découvert; sauvez-vous, ou vous êtes perdu.

— Qu'est-ce à dire?

— Vous avez été trahi par un des vôtres; toutes les précautions sont prises; dans une heure le marquis n'existera plus.

Et le bailli, abattu autant par son émotion que par la rapidité de sa course, se laissa tomber dans les bras de Lyonnet.

— Mon ami, je vous en conjure, fuyez sur le champ, par amitié pour moi qui vous ai rendu tant de services; allons, sauvez-vous, ou vous me perdrez.

Jocerand ne répondit pas, mais s'élança hors de sa chambre, et bientôt une forte détonation retentit du sommet d'une tour contiguë à la maison qu'il habitait.

— Malheureux, s'écria le bailli en poursuivant Lyonnet qui se précipitait dans l'escalier, tu viens de donner le signal, que de sang tu vas faire couler!

Lyonnet ne l'écoutait plus, il était déjà devant le palais de justice.

Les troupes se rassemblaient sur la place Saint-André et dans les rues avoisinantes, les congrégations des pénitents venaient d'arriver à la porte de la prison, où stationnaient

11

les archers. Des détachements de cavalerie parcouraient la ville, cherchant à contenir la population qui commençait à accourir de toutes parts avec un murmure semblable à celui des flots agités. Malgré sa rage et les battements de son cœur, Lyonnet n'avait qu'un but, rassembler le plus promptement possible le plus grand nombre de ses partisans. Aussi traversait-il la foule en tout sens, faisant un signe à l'un, donnant un ordre à l'autre et cherchant à inspirer à tous un espoir qu'il commençait à perdre lui-même.

Bientôt les portes de la prison s'ouvrirent, une litière sortit; elle fut accueillie par une rumeur tellement menaçante, que les archers, se serrant aussitôt autour d'elle, dirigèrent leurs armes sur le peuple, et le cortége s'avança lentement à travers une triple haie formée par la garde bourgeoise, qui s'étendait de la prison à l'échafaud.

II.

Dans une maison située à l'extrémité de la place du Breuil, se passait une scène où nous sommes forcé de faire assister nos lecteurs. Deux hommes appuyés sur de longues arquebuses étaient cachés derrière une fenêtre, et paraissaient absorbés par ce qui se passait sur la place, où le tumulte était parvenu à son comble. A peine distinguait-on la voix des chefs au milieu des imprécations du peuple et des menaces des soldats.

— Et nos frères qui n'arrivent pas, dit maître Pierre; attention, Jacques, tout repose sur nous maintenant.

En ce moment une clameur terrible retentit dans l'espace : la lutte était commencée, la garde bourgeoise dispersée, la majeure partie des soldats renversée, désarmée, lorsque des compagnies de hallebardiers, qui jusqu'alors étaient restées en réserve, s'avançant en bon ordre, repoussèrent tout ce qui se trouvait devant elles et dégagèrent la litière.

Cependant le combat continuait toujours; de toutes les rues se précipitaient des masses armées, au cri de Vive la religion! Vive Montbrun! Promptement maîtres de la place, les protestants étaient loin d'obtenir le même succès autour de l'échafaud, dont un cercle de fer et de feu les tenait éloignés.

— Jacques, mon ami, regarde, c'est lui! mon pauvre maître! il monte... Au nom de Dieu, ajuste bien, à moi le valet, à toi le bourreau.

— Arrête, s'écria l'ancien moine en désarmant le fidèle serviteur, laisse faire la justice du roi.

Au même instant un cri de désespoir s'éleva de toutes parts. M. de Montbrun n'était plus.

— Misérable! à quel démon as-tu vendu ton ame?

— Voyons, je ne te veux pas de mal à toi, mais laisse-moi passer, ou sinon.....

En parlant ainsi, frère Jacques tenait en joue maître Pierre, lorsque celui-ci saisissant son poignard s'élança sur lui.

— Meurs, traître! meurs, Judas!

Une détonation se fit entendre et deux corps tombèrent à la fois sur le plancher..........

EPILOGUE.

Par quoy messieurs et mesdames aussi,
Je vous supply quand sortirez d'ici,
Que de vos cueurs ne sorte la mémoire
De cette triste et véritable histoire.
            Mystère, par Th. DE BÈZE.

ÉPILOGUE.

ENRI III, cédant enfin aux sollicitations de l'évêque de Grenoble et de M. de Gordes, avait, dans la nuit du 11 août, accordé la grâce de M. de Montbrun. Le courrier chargé de cette preuve de la clémence royale ne put parvenir à sa destination, arrêté qu'il fut par les troupes de Cugié, qui, arrivé trop tard sous les murs de

la ville, s'était vengé en portant le fer et le feu dans les faubourgs et les campagnes environnantes.

M. de Montluc, malgré sa ferme résolution de renoncer aux grandeurs, ne voulut quitter le siége de Grenoble, qu'après avoir vu réhabiliter la mémoire de celui que depuis lors il appela constamment son fils. Bérengère persista, malgré les instances de son père, dans sa résolution de prendre le voile, et se retira au couvent de Sainte-Ursule, où, comme le lecteur peut se le rappeler, nous l'avons vue au début de cet ouvrage.

Lyonnet, laissé pour mort sur la place du Breuil, ne dut sa guérison qu'aux soins assidus de maître Oudard, et surtout d'Aymonette, qui, ce devoir rempli, ne voulut jamais entendre parler d'union et consacra sa vie à son infortunée maîtresse. Lyonnet, tout entier à la vengeance, devint un des plus cruels ennemis des catholiques; nous le retrouvons plus tard au siége de la Mure, où il reçut une blessure mortelle.

Le premier président, mécontent de la conduite d'Oudard et de maître Bouvier, lors du procès de Montbrun, les força de renoncer à leurs places; alors ces deux vieux amis, revenus des pensées d'ambition qui avaient troublé une partie de leur existence, retournèrent à Valence, où le fameux magasin du roi saint Louis fut ouvert de nouveau.

Quant au curé Simon, il fut jusqu'au dernier moment le fidèle compagnon du baron des Adrets, qui vécut encore quelques années abandonné de tous les partis.

NOTES.

La première intention de l'auteur était de faire imprimer ce livre sans aucun appendice, comme le sont ordinairement les romans historiques; mais plusieurs personnes ayant témoigné le désir de connaître les matériaux de cet ouvrage, on a cru devoir publier tout ce qui suit, dans l'espérance que les habitants du Dauphiné et ceux qui s'occupent de l'histoire de cette province liront ces notes avec plaisir. Je ne sais trop si je dois ajouter que ce dernier travail peut être utile pour la critique historique de cet ouvrage, puisque beaucoup de personnes ne se procureraient que difficilement quelques-uns des documents contenus à la fin de ce volume, et tirés soit d'un ouvrage inédit de Guy-Allard, intitulé *Dictionnaire historique du Dauphiné* et peut-être le plus intéressant de tous ceux produits par cet estimable écrivain, soit de quelques autres manuscrits, et de la vieille histoire de Chorier, livre fort rare maintenant.

Le mouvement littéraire qui s'est manifesté en Dauphiné depuis quelques années m'a fourni aussi de précieux extraits. Qu'on me permette de citer ici l'excellente *Statistique* de M. Delacroix, ouvrage digne de servir de modèle à tous les départements; l'*Essai sur Valence* de M. Jules Ollivier, dont les travaux répandent chaque jour de nouvelles lumières sur notre province; enfin l'*Histoire de Grenoble* et les *Antiquités dauphinoises* de M. Pilot, œuvres que distinguent des recherches consciencieuses et une profonde érudition.

NOTES JUSTIFICATIVES.

Le Dauphiné.

Cette province faisait partie de la Viennoise, sous l'empire des Romains. Ses limites sont la Savoie, du levant et du nord ; le Rhône, du couchant ; la Provence, le Comtat Venaissin et la principauté d'Orange, au midi. Sa latitude est depuis le 43e degré jusqu'au 46e, et sa longitude depuis le 26e jusqu'au 29e. Sa figure est presque triangulaire, à cause qu'elle s'étend irrégulièrement et en divers endroits dans les Alpes.

Elle a été sous la domination des rois allobroges et des Alpes, puis des Romains, des Bourguignons, des rois de France de la première et seconde race, encore une fois des Bourguignons, ensuite des empereurs d'Allemagne; puis conjointement des comtes de Graisivaudan, d'Albon, de Vienne et de La-Tour-du-Pin, appelés dauphins de Viennois; des comtes de Forcalquier, de Valentinois et de Diois, des barons de Meuillon et de Montauban; enfin le tout a passé à la royale maison de France à la part des dauphins, l'an 1343 et 1349, et des comtes de Valentinois et de Diois, en 1419. Déjà les dauphins avaient acquis les baronies et ce qui appartenait au comte de Forcalquier dans le Gapençais, qui même leur était disputé par les dauphins, et qui a suivi le sort du reste.

(*Dictionnaire du Dauphiné.*)

Les priviléges du Dauphiné.

Ils furent accordés par Humbert Dauphin, deuxième du nom, le 14 mai 1349; et, le 16 juillet de la même année, il fit la transaction effective de son état au fils aîné de France. Ces priviléges ont été négligés ou supprimés par des raisons qu'il ne m'est pas permis de pénétrer; cependant je suis persuadé que la connaissance de quelques-uns de ces priviléges ne sera pas d'une médiocre curiosité. En voici donc quelques articles :

Les gentilshommes servaient les dauphins à la guerre lors de l'arrière-ban, à leurs dépens; ce prince ordonna qu'à l'avenir ce serait à ceux des dauphins ;

Que leurs chevaux tués dans le combat ou morts dans l'écurie pendant leur service seraient payés par le dauphin ;

Que leur rançon le serait aussi par le dauphin en cas qu'ils fussent faits prisonniers lors de l'arrière-ban ;

Toutes nouvelles gabelles, péages et impositions furent révoqués ;

Que les gentilshommes qui, par la coutume de Dauphiné, s'étaient fait la guerre les uns contre les autres, n'en fussent point inquiétés ;

Qu'il leur fût permis de bâtir des maisons fortes dans leurs fonds, à la charge que ce ne fût point par la frontière ;

Qu'ils pourraient disposer de leurs fiefs comme de biens patrimoniaux ;

Que les biens des condamnés pour crimes seraient conservés à leurs héritiers, et que la confiscation n'aurait lieu qu'en cas de lèse-majesté et d'hérésie.

Il déchargea les taillables de toutes tailles qui ne regarderaient pas l'utilité ou la nécessité publique des lieux de leur habitation.

Il accorda la liberté aux nobles de chasser même dans ses terres et ses forêts, excepté celles de Claix et Planèse, et de toutes les garennes à qui qu'elles fussent.

Il défendit toute distraction des jurisdiciables, comme aussi toutes sortes d'informations et d'actions criminelles où il n'y aurait point d'accusateur, à moins qu'il ne s'agît de crimes notoires ou très-graves.

Il quitta tout le droit de main-morte qu'il avait sur les barons et les seigneurs ses vassaux, à la charge qu'ils en exempteraient de même leurs jurisdiciables ou emphythéotes.

Après le transport de cette province, les états députèrent Hugues Alleman, seigneur de Vaubonnais; Disdier, coseigneur de Sassenage, et Etienne d'Arvillas, chevaliers, pour en demander la confirmation à Charles, nouveau dauphin, ce qu'il leur accorda, le premier février 1350.

Le roi-dauphin Charles V les confirma de même et y en ajouta de nouveaux, dont il demanda le serment de plusieurs ecclésiastiques et gentilshommes pour les observer. L'acte est en la chambre des comptes de Grenoble, en date du 12 août 1368...............
....

On a trouvé au conseil de sa majesté que l'intérêt du roi et celui de la politique ne permettaient pas de les exécuter exactement, tellement qu'on y a dérogé en partie; ceux qui les voudront voir les trouveront imprimés sous le titre de *Statuta Delphinatus*. François Marc, dans la seconde partie de son *Recueil d'arrêts* (quest. 360), dit que ces libertés étaient si sacrées, que le dauphin jurait de les observer, comme aussi les officiers du parlement lorsqu'ils étaient reçus.

(*Dictionnaire du Dauphiné.*)

Violation des priviléges du Dauphiné.

Etant hors de crainte du côté de la France, le dauphin Louis XI reprit ses premières occupations, dont la plus importante était les recherches qu'il faisait contre les deux premiers corps, l'église et la noblesse, touchant les droits de souveraineté. L'église ne put s'exempter de lui rendre hommage de tout son temporel, ni la noblesse, de ses terres et de ses juridictions, tout passant dans la rigoureuse politique de ce prince pour dépendant et pour sujet; et l'indépendance qui ne leur avait pas été contestée jusques à lui pour une allodialité injuste et usurpée. Mais ses prédécesseurs n'avaient pas eu cette pensée, et s'il ne l'avait fondée que sur le droit qui lui était venu d'eux, elle aurait été sans fondement. Voilà pourquoi il le tira de plus haut, c'est-à-dire de la couronne de France, à laquelle ce pays avait premièrement appartenu. Les prélats et les grands en avaient tiré ces petits rayons de souveraineté qu'ils s'étaient appropriés, comme la fable dit que Prométhée avait dérobé au ciel le feu qu'il communiqua aux hommes : il était juste que cette effusion de la souveraine puissance hors de son globe retournât à son principe et ne demeurât pas plus long-temps errante autour de son centre sans le rejoindre. Cette pensée lui en fit naître une autre : le parlement de Paris et celui de Tholose étaient la souveraine magistrature du royaume de France; il voulut aussi qu'un parlement fût celle du Dauphiné. Les assemblées générales des prélats et des grands de la monarchie étaient appelées parlements sous les premiers rois. Là on délibérait de la paix et de la guerre, et les grandes affaires en étaient l'occupation : aussi il est certain que ces parlements particuliers, qui sont une obscure image de ceux-là, n'avaient pas une connaissance limitée, comme l'on prétend aujourd'hui qu'elle doit être. Les rois ne concluaient rien dans les affaires du gouvernement les plus importantes, sans leur en avoir fait part, et on ne croyait pas qu'ils dussent ne s'élever point au-dessus des affaires particulières. Aussi ils étaient composés de personnes choisies dans tous les ordres, et comme la vertu et non l'avarice en ouvrait la porte, elle y était la directrice des pensées, et y formait tous les sentiments. Le mois de juin de l'an 1453, le dauphin érigea le conseil delphinal en parlement, et, le 29 du mois de juillet suivant, il en créa président François Potier, qui ainsi a été le premier chef de cette illustre compagnie. Il lui attribua la même autorité et la même juridiction dans ses terres qu'avait en France celui de Paris, auquel il le conforma autant qu'il lui fut possible. Le roi même approuva ce changement, et dès lors reconnut ce corps pour vrai et légitime parlement; de manière que depuis il a toujours été considéré pour le troisième et en a eu tous les avantages par la préséance au-dessus de tous les autres qui ont été créés depuis. Il n'y a eu que celui de Bourdeaux, qui la lui a disputée après une possession de près de deux cents ans, et cela seulement pour avoir l'honneur d'alterner avec lui jusqu'à ce que ses prétentions aient été jugées. C'est ce qu'il témoignera toujours de désirer et ce que toujours il évitera...............................

(CHORIER, pag. 455.)

Commencements de la religion réformée en Dauphiné.

Dès l'année 1526, l'hérésie luthérienne, qui n'était née que depuis une dixaine d'années, était déjà répanduc en Dauphiné et fixait l'attention du parlement, ainsi que le prouve le passage suivant de Chorier, p. 528, tom. 2 :

Il en fut fait un édit à Fontainebleau, qui a pour date le dernier jour du mois de mars de l'an 1526. Mais il ne fut pas exécuté en cette province, qui, étant frontière, ne devait pas être privée du seul moyen qui lui restait de conserver les fortifications de ses villes et de ses places. Ces désordres avaient été favorables aux nouvelles opinions de Luther et de ceux qui l'avaient imité. Elles avaient fait insensiblement un tel progrès, qu'elles étaient déjà redoutables à la vérité. Le Dauphiné commençait d'en être infecté. Le parlement, qui s'en aperçut, s'y opposa par ses arrêts et menaça autant ceux qui les publieraient que ceux qui les embrasseraient, du dernier supplice, par le fer et par le feu. Il défendit même sous de rigoureuses peines la traduction des livres saints en notre langue. On ne peut attacher ses yeux fixément à regarder le soleil sans s'aveugler, ni contempler à nu les mystères sacrés sans s'éblouir. La lettre tue comme l'esprit vivifie. Tous sont susceptibles des impressions de la lettre, mais il est peu qui le soient de celles de l'esprit.

Luthériens et Calvinistes.

Les luthériens et les calvinistes adoptent la Bible comme un ouvrage inspiré par Dieu. Ils recommandent la lecture et l'étude des ouvrages sacrés dont ils ont fait faire un grand nombre de traductions dans toutes les langues; cependant aucune de ces traductions n'est regardée comme authentique et pour eux le texte original fait seul autorité. D'après leurs doctrines, Dieu a donné à l'homme, outre la révélation deux grandes lumières : la saine raison pour entendre sa parole et la conscience pour lui servir de guide dans ses actions. Ils rejettent toute autorité humaine en matière de foi, même celle des conciles; ils adoptent cependant, non comme une loi, mais comme conformes à la Bible, les canons des quatre premiers conciles œcuméniques et la phrase qui énonce la procession du Saint-Esprit du Fils; par conséquent leur *Credo* est entièrement conforme à celui des catholiques. Ils ne connaissent que deux sacrements : le baptême et la sainte cène, qu'ils administrent sous les deux espèces. Ils rejettent le miracle de la transsubstantiation, la légitimité des vœux monastiques, le célibat des prêtres, l'adoration des saints, le culte des images, la confession auriculaire, le purgatoire et l'autorité spirituelle du pape....................

....

Les luthériens et les calvinistes ont long-temps différé dans leurs opinions sur la sainte cène et la prédestination. Mais les luthériens, s'étant rapprochés de l'opinion des réformés, qui rejettent entièrement la présence réelle et prétendent que le pain et le vin signifient seulement le corps et le sang du Sauveur, et les calvinistes ayant adouci ou plutôt abandonné le dogme d'après lequel ils soutenaient que quoique Jésus-Christ soit venu pour sauver le genre humain, il n'y avait qu'un petit nombre d'hommes élus depuis l'éternité et prédestinés au salut, il n'existe presque plus de différence entre les deux religions. Les adhérents de l'une suivent le culte de l'autre, quand ils n'ont pas d'église particulière du leur; ils approchent même indistinctement de la sainte cène, parce que les luthériens aussi bien que les réformés n'emploient dans cette solennité que les paroles mêmes de l'institution prononcées par Jésus-Christ et sans y ajouter aucun commentaire.

Ce qui a empêché jusqu'ici la réunion entière des deux partis, c'est surtout la diversité de leur administration ecclésiastique, qui est toute républicaine chez les calvinistes et monarchique chez les luthériens.

Il existe encore une autre différence entre eux. Les calvinistes exigent dans le culte une simplicité extraordinaire et rejettent l'usage du crucifix, des images et des cierges, que les luthériens tolèrent comme simple ornement.

Quoique les réformés ne reconnaissent pas d'autorité humaine en matière de croyance, ils ont cependant des espèces de livres symboliques, savoir : ceux de Suisse, *la Confession helvétique*; ceux d'Allemagne, *Le Cathéchisme de Heidelberg ;* ceux de Hollande: *les Décrets du synode de Dordrecht ;* ceux de France, ces mêmes décrets et *la Confession de Genève ;* ceux de Prusse, *la Confession de Thorn de* 1645.

(*Tableau des religions de l'Europe.*)

Huguenots.

On appelle ainsi en France ceux qui suivent la secte de Calvin. Plusieurs historiens en ont cherché l'origine et l'étymologie, mais je crois que la plus sûre et la plus véritable est celle que le docte Jacob Spon, docteur médecin aggrégé au collége de Lyon, nous a donnée dans son *Histoire de la ville de Genève,* quand il dit que le mot de *huguenots* vient de celui d'*eignot*, qui signifie en allemand un allié par serment, et c'est celui que prirent les premiers Suisses qui se prêtèrent un secours mutuel contre la tyrannie des gentilshommes de leur pays. Bien que ce surnom en soit un d'honneur, néanmoins les protestants de France l'ont presque toujours pris pour une injure, jusques-là qu'ils ont souvent obtenu des arrêts qui ont défendu aux catholiques de les appeler ainsi. Comme cet article n'est que pour le Dauphiné, je ne m'attacherai qu'aux matières qui concernent les huguenots de cette province : je dis donc que ce fut sous le règne de Charles IX que ces hérétiques commencèrent de semer leurs dogmes; sous l'autorité du baron des Adrets, qu'ils donnèrent les premières marques de leurs violences et de leur impiété, en abattant les églises, en foulant aux pieds nos sacrés mystères et en signalant les premières années de leur règne par le sang et le carnage. M. Maimbourg en a fait une histoire particulière. Après le baron des Adrets, qui était cruel, Charles Du Puy de Montbrun se déclara leur chef, et après celui-ci ce fut François de Bonne de Lesdiguières, qui fut ensuite connétable de France. Montbrun ne fut pas farouche comme des Adrets, mais il n'eut pas la même douceur que Lesdiguières; cependant les huguenots devinrent moins emportés sous ces deux braves chefs, et depuis ce temps-là, les honnêtes gens de cette religion ont fort bien vécu avec les catholiques.

Je dis : les honnêtes gens, car pour le menu peuple et quelques faux zélés, qui ont quelquefois tout brouillé, la peine et le châtiment qu'on leur a imposé ont fait connaître le peu de fondement de leurs plaintes et le peu de raison de leur révolte ; il y a lieu de croire que ceux qui restent ouvriront les yeux à la vérité, et que sous le plus auguste et le plus juste des rois, ils se ressouviendront que leurs ancêtres ont suivi une religion fort opposée à la leur, et qu'ils l'ont quittée sans sujet.

D'abord qu'ils se furent rendus maîtres de la plupart des villes, des bourgs et des villages de cette province et qu'ils se virent assez forts pour résister aux puissances royales, ils demandèrent des temples pour l'exercice de leur religion et des magistrats protestants pour leur rendre justice ; c'est pour cela qu'il y a tant de temples dans cette province ; mais comme ils ont été bâtis par contrainte, ils sont facilement démolis. Et tous les jours on en voit abattre en vertu d'arrêts du parlement et du conseil. Voici les déclarations et arrêts généraux rendus particulièrement pour cette province depuis quelques années :

Le parlement de Grenoble fit un arrêt en forme de règlement, le 21 mars 1639, touchant les lieux où l'exercice de cette religion devait être fait, avec défense aux ministres de prêcher ailleurs que dans le lieu de leur demeure, ce qui était conforme à une déclaration du roi du 5 janvier 1635, à un arrêt du conseil privé du 20 juin 1636, et à un autre du conseil d'état du 21 avril 1637.

Le 29 mars 1661, le même parlement en fit un autre par lequel il fut ordonné à ceux de cette religion de vider les biens de l'église dont ils s'étaient emparés pendant les désordres du dernier siècle, nonobstant le laps de cent ans.

Le 7 février 1662, le même parlement en fit un autre par lequel on règle et on prescrit la forme de l'exercice de cette religion dans les terres de haut fief, et de quelle manière les ministres doivent s'y comporter; c'est en conformité d'autres arrêts du conseil du 20 juillet 1636, 21 avril 1637, 19 juillet et 30 septembre 1661 du même parlement, du 21 novembre 1659 et de deux déclarations du roi du 2 décembre 1634 et 18 juillet 1656.

Le 7 août 1663 et le 13 mars 1579 il y eut deux arrêts du même parlement contre les huguenots, qui avaient parlé insolemment contre la sainte Vierge ; par le premier il y eut peine de mort et par l'autre il y eut des réparations, des amendes et des dépens.

Le 19 décembre 1665 il y en eut un autre qui défend aux communautés et paroisses des secrétaires et greffiers autres que catholiques, à la forme de la déclaration du roi du 17 novembre 1664.

Le 1ᵉʳ août 1671 il y en eut un du conseil qui

ordonne l'abattement du temple de Grenoble, avec un règlement pour ceux de cette religion en cette ville. Le motif était qu'il était dans l'enclos de la ville contre les terme des édits de pacification; il n'a pourtant pas été supprimé, au contraire il a été réédifié à une mousquetade des murailles de la ville, hors de la porte de Très-Cloîtres, avec plus de magnificence qu'il n'était auparavant. Il est octogone, cantonné de pierres blanches, bien taillées. Les portes sont de même pierre avec un perron de quelques degrés, le couvert d'ardoises à la mansarde; deux rangs de tilleuls remplissent les vides qui en font la circonférence. L'époque de ce changement me fait souvenir que justement cent ans auparavant, et l'an 1571, il y eut tant de désordres dans Grenoble et les huguenots en furent si bien les maîtres qu'ils abattirent les églises, et empêchèrent si bien l'exercice de la religion catholique que le jour de la Fête-Dieu il n'y eut ni messe ni procession en cette ville. Les pères de l'Oratoire occupent aujourd'hui la place où était ce temple.

Le 30 juillet 1674 le même parlement fit un autre arrêt qui défend à toutes sortes de personnes de cette religion de faire les fonctions de ministre s'ils ne le sont, et d'assister les condamnés à mort jusques au lieu de leur supplice.

Le dernier février 1680 il y en eut un qui ordonne que les abjurations seraient remises entre les mains du juge royal du siége, à la forme de la déclaration du roi du 10 octobre 1679.

Le 10 janvier 1681 le conseil en fit un qui exclut ceux de cette religion du consulat et du conseil politique de Grenoble.

Le 18 du même mois le parlement en fit un par lequel il inhibe aux procureurs, notaires et sergents de cette religion, d'exercer dans les justices des seigneurs.

Le 12 août de la même année il en fit un par lequel il ordonne aux médecins, apothicaires et chirurgiens qui serviront les malades de cette religion, d'avertir les juges des lieux de l'état où ils seront.

Le 7 mars 1682 il en fit un autre par lequel il défend à ceux de cette religion de faire des prières publiques dans d'autres lieux que ceux où l'exercice public est permis et où il y a un temple et un ministre.

Le 22 décembre de la même année il en fit un autre, à la requête du procureur général, pour faire observer l'article 39 de la déclaration du 28 mai 1669, pour le regard des enfants d'un père catholique et d'une mère huguenote.

Le 12 février 1683 un autre pour l'observation de la même déclaration concernant les enfants des pères convertis.

Le 3 avril de la même année un autre qui fixe la distance des temples d'avec les églises.

Le 24 du même mois le conseil en a fait un qui défend à ceux de cette religion de servir en qualité de clercs chez les procureurs de Grenoble.

Le 2 juin suivant le même parlement en a fait un, sur requête, qui les exclut du conseil politique de Chabeuil.

Je ne fais point ici un détail des combats, batailles, siéges, victoires, désordres et violences des huguenots en cette province; des prises de Grenoble, Valence, Die, Montélimar et Gap; de leurs progrès et de leur décadence : cela est parfaitement écrit dans l'*Histoire du Dauphiné* de M. Chorier, tome 1.

(*Dictionnaire du Dauphiné*, t. 2.)

Etablissement des communes.

Il existait dans la Gaule, lors de la conquête, un régime municipal que les Romains approprièrent à leurs lois et à leurs usages. Il ne fut point respecté par les peuples du Nord, et l'on n'en voit plus de traces depuis l'établissement des Bourguignons.

Loin de rendre aux corporations d'habitants leurs anciens priviléges, les dominateurs de ces malheureuses contrées ne songèrent qu'à avilir les hommes, pour en faire des instruments plus dociles de leurs volontés et de leurs caprices.

Cependant, au milieu même de l'anarchie féodale et de ses déchirements intestins, la liberté fit de continuels efforts pour secouer les chaînes et percer les nuages de la barbarie.

Les populations des campagnes faibles et isolées restèrent avilies et sans influence; mais les habitants des villes sortirent peu à peu de l'abrutissement et de la servitude. Les communes se rétablirent de fait, et sur plusieurs points les peuples recouvrèrent, par les chartes d'affranchissement, la liberté qu'ils avaient perdue.

Les croisades contribuèrent puissamment à ce grand résultat. Les seigneurs, partant pour des courses lointaines, avaient besoin d'argent, et ils s'en procuraient soit en vendant leurs propres domaines, soit en ratifiant ou autorisant l'établissement des communes. Ils concédaient aux habitants des droits naturels, des droits dont ils n'auraient jamais dû les priver; mais enfin tel était l'esprit du temps. Les communes s'estimaient heureuses quand elles parvenaient à se créer une existence légale. C'est ainsi que le régime municipal se reconstitua peu à peu sur les ruines des possesseurs des fiefs, et que les communes, pouvant travailler et ommercer pour leur propre compte, firent refleurir les arts et le commerce, depuis si long-temps éteints par l'esclavage.

Les chartes les plus anciennes que nous connaissions dans ce département, sont celles de Crest, de l'année 1188; de Montélimar, de 1198; d'Etoile, de 1244; du Buis, de 1288; de Nyons, de 1314, et de Valence, de 1331.

Celles de Crest et d'Etoile émanent des comtes de Valentinois; celle de Montélimar est concédée par les Adhémar de Monteil; celle du Buis, par les barons de Mévouillon; celle de Nyons, par le dauphin, et enfin celle de Valence, par les évêques.

On ne connaît point la charte primitive de Romans; on voit seulement par un acte présumé de 1212, que la commune existait alors et que la puissance ecclésiastique tâchait déjà d'en arrêter les développements.

La charte de Valence est une sorte de code pour l'instruction et le jugement des affaires civiles et criminelles. Les autres promettent aux habitants qu'ils ne seront plus soumis à des impôts injustes et excessifs, qu'ils ne serviront plus de répondants ni d'otages, qu'il ne leur sera plus fait *violence ni dommage*, qu'ils ne seront plus soumis qu'aux charges ordinaires et à ce qui sera conforme aux règles du droit et de la justice. Elles concédaient encore, moyennant argent, le droit de vendre le vin, la paille, le foin et autres denrées, en concurrence avec les agents du seigneur. Tout le mérite de ces concessions, et il était grand alors, c'était de ne plus être vexé, pillé à chaque instant sans règle et sans mesure.

En instituant l'empereur Conrad-le-Salique son héritier, Rodolphe III avait, comme on l'a vu, réuni en 1032 le royaume de Bourgogne à l'empire d'Occident ; mais cette réunion fut purement nominale et l'autorité des empereurs purement honorifique.

Cependant Humbert II, en cédant ses états au roi de France en 1349, imposa la condition qu'ils ne seraient réunis au royaume qu'autant que l'empire y serait uni ; c'était reconnaître la suzeraineté de l'empire, et jusqu'au règne de Louis XI les empereurs ne laissèrent échapper aucune occasion de manifester ce fantôme de puissance.

C'est ce qui explique la charte datée de Lyon, le 3 février 1416, par laquelle l'empereur Sigismond ratifie celle que les habitants d'Etoile avaient obtenue des Poitiers en 1244. C'est de la même manière que s'expliquent plusieurs autres chartes de cette époque qui semblent attester l'intervention des empereurs dans les affaires du pays ; mais on ne saurait assez redire que cette intervention n'eut rien de réel, qu'ils n'y perçurent aucun impôt et n'y levèrent aucune troupe. C'était une dépendance de l'empire, mais sans *droits utiles* pour les empereurs..................
....

(*Statistique du département de la Drôme*, par M. DELACROIX, page 102.)

Valence est une des dix villes qui entrent dans les états du Dauphiné. Ceux qui en attribuent la fondation à Valens ou à Valentia se trompent, puiqu'elle était déjà connue du temps de Jules César, du nom duquel elle fut appelée *Julia Valentinorum*; que cet empereur y fit élever deux de ses enfants; qu'Auguste y mit une colonie et que son nom de Valence lui a été donnée pendant plus de 400 ans avant le règne de ces deux empereurs. Elle est le long du Rhône, en pays abondant et fertile et était la principale des Ségalauniens. Elle est divisée en bourg et en ville, close de doubles murailles où il y a une citadelle commencée en 1536, un gouverneur, un présidial, une université, une élection et une judicature-mage dont le juge est à l'évêque et ressortit au présidial pour les cas de l'ordonnance et pour les autres au parlement, lequel est encore juge en première instance des paroisses qui appartiennent à l'évêque et de celles qui sont de sa directe. Sa cathédrale est dédiée à saint Apollinaire, l'un de ses évêques; elle l'était anciennement à saint Etienne, martyr. Elle est composée d'un doyen, d'un prévôt, d'un abbé de Saint-Félix, d'un archidiacre, d'un théologal, de neuf chanoines. Le pape Urbain II la consacra l'an 1094. Il y a encore pour églises et monastères Saint-Jean, la Ronde ou le Panthéon, appelé Notre-Dame de la Roue, qui est une paroisse; Saint-Martin, Saint-Jacques, les Cordeliers, les Jacobins, aux cloîtres desquels il y a la figure d'un géant, d'une hauteur de quinze coudées, les Minimes, les Capucins, les Recollets; quelques monastères de filles, savoir : l'abbaye de Vernaison, de l'ordre de Citeaux; celle de Soyon, de l'ordre de saint Benoît; une de Sainte-Ursule, une autre de la Visitation et une autre sous le vocable de Notre-Dame. Saint-Pierre est dans le bourg ; on tient que son église a été fondée par Charlemagne ; Saint-Félix, la Magdeleine, Saint-Vincent, Saint-Victor, étaient hors de la ville et sont détruits. L'abbaye de Saint-Ruf, chef d'ordre, était aussi hors de la ville, mais depuis cent ans ou environ elle est dedans ; elle était bâtie auprès de l'île Lespernière, que l'évêque de Valence vendit à l'abbé, l'an 1158, pour deux cents marcs d'argent, ce qui fut confirmé par le pape Adrien IV et l'empereur Charles IV. La ville fut pillée par les Goths, l'an 415, par les Lombards, l'an 574, et par les Maures, l'an 729. L'an 1157, l'empereur Frédéric la donna à l'évêque avec son territoire, ses églises, abbayes, monastères, places, foires, duels, monnaie, péages, châteaux, tributs, hommages, dîmes, forêts, chasse, moulins, eaux et leur cours, champs, prés, paquerage, terres cultes et incultes et la juridiction tant pour le civil que pour le criminel. Odon de Chaponay était alors évêque, les lettres en furent expédiées à Besançon. François Marc (1re partie, décis. 252) parle de certain hommage ou soumission que doivent à l'évêque les bateliers qui passent sur le Rhône au-devant de cette ville, qui les oblige de porter leur croc et leurs cordages contre des anneaux que l'évêque est obligé d'entretenir aux murailles qui sont le long de ce fleuve. Il dit aussi dans la décision 453, que son juge, qu'il appelle baillif, a le droit des lods sur la vente des maisons qui sont de la directe de l'évêque, au tiers deniers, et qu'outre cela, il lève six deniers pour florin des ventes des autres maisons. Gui-Pape (quest. 378) dit que de son temps cette charge anoblissait. Le roi a dans cette ville un droit domanial nommé *sesterage*. Le dauphin Louis, par un acte du 23 mars 1453, y acquit une maison pour y mettre la sénéchaussée qu'il y avait établie, et Louis XIII y a logé les recollets.

Quant aux conciles ou assemblées tenues en cette ville, le premier concile fut l'an 374, le second, l'an 584, le troisième, l'an 853. Il y eut une assemblée l'an 890, ou Louis fut élu roi de Bourgogne; le quatrième concile l'an 1100. Le comte Raymond de Tolose y fut ajourné par des prélats assemblés, pour répondre de ce qui s'était fait chez les Albigeois; il y comparut et se justifia l'an 1276. Saint-Félix, Fortuné et Achillée y furent martyrisés sous l'empire de Sévère.

Il y a une commanderie auprès de Valence, de l'ordre de Saint-Jean de Jérusalem, nommée saint Vincent.

(Dictionnaire du Dauphiné.)

Le Valentinois.

Le Valentinois est une contrée de Dauphiné, divisée en haute et basse; la haute est depuis l'Isère jusqu'à la Drôme, et la basse depuis cette rivière jusques au Comtat Venaissin. Elle a été possédée long-temps sous le nom de comté, par la famille de Poitiers, de la mouvance du Dauphiné, suivant un hommage du 25 avril 1388, rendu à Humbert dauphin par le comte Aymar; en exécution d'un arrêt du conseil, la question ayant été agitée par-devant les papes Jean XXII et Benoît XII, et ensuite par-devant les cardinaux. Louis de Poitiers, se voyant sans enfants, la donna au roi-dauphin, par un acte du 11 août 1404, et la céda ensuite par son testament du 20 juin 1419, au dauphin de France, l'unissant à perpétuité à la province du Dauphiné, aussi bien que le Diois dont il était souverain. Cependant, comme il restait à Saint-Vallier une branche de Poitiers qui prétendit ces comtés par droit de substitution, il y eut des transactions avec elle le 16 juillet suivant, le 14 août 1426, et le 7 décembre 1454; les deux premières entre le roi-dauphin, Louis et Charles de Poitiers, fils du précédent; celle-ci fut homologuée par le parlement de Grenoble, le 2 janvier 1455. Ce fut par elle que la famille de Poitiers renonça entièrement à ses prétentions sur ces comtés, moyennant quelques terres qui lui furent cédées dans le Languedoc et dans le Dauphiné. Avant cette dernière transaction, le même dauphin s'était départi de ces comtés en faveur de Saint-Vallier, mais le procureur du parti s'y étant opposé, le dauphin fut restitué contre cette cession comme le dit Gui-Pape (quest. 302), et moyennant la transaction de 1454. Ces comtés ont été depuis ce temps-là réputés du domaine delphinal. Le roi Louis XII les donna à César Borgia, fils du pape Alexandre VI, par ses lettres du mois d'avril 1498, pour les tenir de lui à foi et hommage, et les créa en duché par d'autres lettres du mois d'octobre suivant, et qu'il confirma par d'autres du mois d'août 1499 ; elles revinrent au roi, et Henri II les donna à Diane de Poitiers, rétablissant ce duché par lettre du 8 octobre 1548, pour en jouir pendant sa vie ; enfin il y a eu une nouvelle création en duché par d'autres lettres du mois de mars 1642, en faveur d'Honoré de Grimaldy, prince de Monaco, dont le successeur en jouit aujourd'hui.

(Dictionnaire du Dauphiné.)

Valence en 1838.

Valence (*Valentia, colonia Julia, Valentia Segalaunorum urbs, civitas Valentinorum*), sur la rive gauche du Rhône, qui en baigne les murs au couchant, et sur la grande route de Lyon à Marseille, qui les longe circulairement au levant et va traverser le faubourg Saunières au midi ; cette ville est à 58 myriamètres (145 lieues de poste) de Paris, 12 myriamètres (27 lieues et demie) de Lyon, 9 myriamètres (20 lieues et demie) de Vienne, 10 myriamètres (23 lieues) de Grenoble, 15 myriamètres (33 lieues) d'Avignon, et 27 myriamètres (60 lieues) de Marseille. Elle est sous le 2° 33' 10" de longitude à l'est du méridien de Paris, et sous le 44° 55' 59" de latitude nord. Sa population est de 13,226 individus, y compris le bourg, où l'on en compte 2,820, et qui fait une commune particulière, quoique renfermée dans la même enceinte.

Valence est dans une situation pittoresque et riante qu'animent et vivifient les eaux majestueuses du Rhône, la navigation du fleuve et le mouvement des diverses routes qui, du Vivarais d'une part, et des Alpes de l'autre, viennent s'unir et se confondre sur ce point avec la grande route du midi, l'une des plus importantes et des plus fréquentées du royaume.

On y commerce en grains, vins, eaux de vie, liqueurs, épiceries, draperies, coutellerie, orfèvrerie, ébénisterie, chapellerie ; on y fait des indiennes et des mouchoirs imprimés ; il y a des fabriques d'ouvraison de la soie, de ganterie, de bas et de bonneterie ; deux brasseries, une fabrique de vermicelle, une filature de coton, des teintureries, des tanneries, des carderies, des scieries de marbre, des fours à chaux, tuiles et briques, et un nombre assez considérable d'ateliers de charronage. Il s'y tient quatre foires par an et un marché, le lundi et le jeudi de chaque semaine, outre un marché aux herbes qui a lieu tous les matins sur la place Saint-Jean.

Avant la révolution de 1789, Valence était le siège d'un présidial, d'une sénéchaussée, d'un bailliage épiscopal, d'une élection et d'une commission extraordinaire du conseil chargée de connaître des délits de contrebande. Elle avait pour ressort toutes les provinces méridionales. Il y avait un évêché suffragant de Vienne, et l'une des plus anciennes universités de France, qui, pour le droit, en fut long-temps une des plus célèbres. Cujas y a professé à deux époques différentes, de 1557 à 1559, et de 1567 à 1575.

Aujourd'hui c'est le chef-lieu du département, du premier arrondissement communal, et d'une subdivision de la septième division militaire, le siége de la préfecture et des tribunaux, la résidence d'un état-major et de divers fonctionnaires et employés. Il y a un évêché suffragant d'Avignon, un séminaire, un collége, plusieurs pensionnats de jeunes demoiselles, trois imprimeries, une bibliothèque publique et une école d'artillerie. A l'est et à très-peu de distance de la ville, le polygone qui sert aux manœuvres de l'école se compose d'une vaste plaine complantée de platanes et de sycomores dans tout son pourtour. Comme le sol en est ferme et caillouteux, on peut y faire tous les exercices de l'artillerie, même après de longues pluies, et l'on n'y perd pas un seul projectile.

(*Statistique de la Drôme*, p. 618.)

Notions historiques sur Valence.

Valence est entourée de murailles flanquées de tours et percées de plusieurs portes; elle a deux corps de casernes et une citadelle mal fortifiée, dont François Ier vint jeter les fondements en 1530, lorsque Charles-Quint opéra un débarquement à Marseille. L'hôtel du gouvernement, qu'on voit dans l'enceinte de la citadelle, date de la régence ; le logement du lieutenant de roi fut construit quelques années seulement avant la révolution.

Pie VI habita cet ancien hôtel du gouvernement, aujourd'hui si dégradé, pendant sa captivité de 1799. Le jardin, en forme de terrasse, domine une partie de la ville et la vallée du Rhône. Le point de vue en est magnifique; aussi dit-on que Pie VI s'écria, en paraissant pour la première fois sur cette terrasse : *Oh ! che bella vista !* Il mourut dans cet hôtel le 29 août de cette même année 1799, âgé de quatre-vingt-deux ans.

Il existe dans l'église cathédrale un monument en marbre blanc, élevé en 1811 par ordre et aux frais du gouvernement impérial à la mémoire de ce pontife, dont il renferme le cœur et les entrailles : c'est un cénotaphe surmonté d'un buste. Le cénotaphe est orné de bas-reliefs représentant d'une part la Religion et l'Espérance, et de l'autre Pie VI dans ses habits pontificaux. Ils ont été exécutés à Rome, le buste est de Canova et le cénotaphe de Maximilien.

Le corps de Pie VI, embaumé, avait d'abord été placé dans le cimetière de Valence, dans un caveau qu'on creusa à cet effet : on l'avait surmonté d'un mausolée, mais le corps fut ensuite rendu au pape Pie VII, et transporté à Rome par les soins de M. le cardinal Spina, archevêque de Gênes. La ville de Valence réclama depuis le cœur et les entrailles du pon-

tife; on les lui envoya de Rome, et ils reposèrent dans une chapelle ardente de l'église. Saint Apollinaire, jusqu'à l'érection du monument élevé dans cette même église à la mémoire de Pie VI. La consécration en a été faite avec beaucoup de solennité, le 25 octobre 1811, par le cardinal Spina, assisté de MM. Bécherel, évêque de Valence, et Périer d'Avignon...........
....
....

On admire dans l'église cathédrale un saint Sébastien, que les uns attribuent au Corrége et les autres au Carache ; il est digne de ces grands maîtres.

On remarque à Valence l'un des premiers et des plus beaux ponts en fils de fer qui aient été construits sur le Rhône, le palais de justice, le nouveau séminaire converti en caserne, la salle de spectacle et la terrasse de l'hôtel de la préfecture, en face de laquelle on voit, de l'autre côté du fleuve, la montagne et les ruines de l'ancien château de Crussol. On y remarque encore la promenade du Champ-de-Mars : c'est une esplanade carrée et plantée d'arbres, qui domine le Rhône et les prairies qui le bordent, et du point de vue de laquelle se développe, de la manière la plus étendue et la plus variée, le beau paysage que présente cette partie intéressante de la vallée. Cette promenade date de l'année 1773.

Napoléon habita Valence à son début dans la car-

rière militaire en 1785, 1786 et 1791. Il occupait une modeste chambre dans la maison qui appartient aujourd'hui à M. Fiéron, avoué, et il s'est constamment rappelé avec intérêt son séjour dans cette ville.......
....
....

(*Statist. de la Drôme*, p. 628.)

Valence est une des plus anciennes villes des Gaules. Lorsque les Romains franchirent les Alpes, elle était déjà la capitale des Ségalauniens et le siége d'une de ces écoles que l'exemple des Phocéens établis sur les bords de la Méditerranée avait fait ouvrir dans ces contrées. Devenue colonie sous Auguste, elle ajouta à son nom celui de Julia, pour rappeler la protection que lui avait naguère accordée César, et le séjour qu'il y avait fait. Les historiens et les géographes la placent parmi les villes principales de la province Viennoise.

Par sa position à la jonction des deux routes qui d'Arles et des Alpes-Cottiennes tendaient à Vienne et Lyon, près du confluent de l'Isère et du Rhône, Valence fut souvent dans ces siècles reculés le théâtre de la résistance héroïque que les Gaulois, parmi lesquels on distingua toujours les Allobroges, opposèrent à l'esprit de conquête et d'envahissement des Romains.

A la décadence de l'empire, elle souffrit et de ses

déchirements et des fréquentes irruptions des peuples du nord.

Dans le sixième siècle, elle fut prise par les Lombards, et brûlée dans le huitième par les Sarrasins...

....
....
....

L'église de Valence remonte aux premiers temps de l'établissement du christianisme dans les Gaules. Elle fut fondée vers l'an 212 par ces trois disciples de saint Irénée, évêque de Lyon, Félix, Fortunat et Achillée, que Cornélius, général de l'empereur Caracalla, y fit mourir. De là elle est considérée comme une de ces églises qu'on nommait autrefois apostoliques.

Dans la longue suite de ses évêques, il en est de célèbres, tels que Jean de Montluc, non moins connu comme homme d'état et comme prélat d'un profond savoir et d'une grande éloquence, que par sa tolérance pour les doctrines du protestantisme ; il en est aussi de fameux, tels que le chancelier Duprat, qui fonda la vénalité des charges, sacrifia à la cour de Rome la pragmatique de saint Louis, et fit consacrer la désastreuse maxime féodale, *qu'en France il n'y a point de terre sans seigneur*. Il en est enfin plusieurs que l'Eglise reconnaît pour saints, tels que saint Emilien, qui assista, en 374, au premier concile de Valence, et saint Apollinaire, qui vivait en 480, et qui est devenu

le patron de l'église cathédrale. Son tombeau fut d'abord dans l'église de Saint-Pierre-du-Bourg ; on le transféra ensuite dans l'église de Saint-Etienne, qui occupait l'emplacement où est maintenant le corps-de-garde de la place des Clercs, et enfin dans la cathédrale actuelle alors dédiée à saint Corneille et à saint Cyprien. Le pape Urbain II la consacra le 5 août 1095, lorsqu'il se rendit au concile de Clermont, où fut résolue la première croisade. Rien n'indique à quelle époque cette église quitta son ancien nom pour prendre celui de saint Apollinaire. Sa consécration par Urbain II est mieux constatée ; elle résulte d'une inscription..
....
....

Il s'est tenu à Valence cinq conciles, en 374, 585, 855, 1100 et 1248 ; les premiers ont eu lieu dans l'église de Saint-Jean.

En 890, Louis, fils de Boson, y fut proclamé et couronné roi de Bourgogne par un nombre assez considérable de prélats qu'y avait réunis Ermengarde, sa mère.

Lors du démembrement de ce royaume, Valence devint, sous le régime féodal, un fief soumis à l'évêque et le chef-lieu du comté de Valentinois. Elle eut singulièrement à souffrir des guerres que se firent sans cesse les comtes et les évêques. En 1229, la population tout entière se révolta contre l'évêque Guillaume de Savoie ; mais le gouvernement populaire qu'elle organisa, sous le titre de confrérie, fut de courte durée. Il paraît pourtant que Valence parvint à recouvrer quelque ombre d'indépendance au moyen de la charte d'affranchissement qu'elle obtint des évêques en 1331.

En 1450, elle se plaça sous la protection de Louis XI; il la maintint dans ses anciens priviléges, et déclara que ses habitants jouiraient en outre de tous bons usages, coutumes et libertés dont jouissaient ceux de la province de Dauphiné..............................
....

(*Statistique du département de la Drôme*, p. 624.)

....
....

Valence, tour à tour enclavée dans les royaumes de Bourgogne et de Provence, fit enfin partie des états de l'empire lorsque l'empereur Conrad-le-Salique eut hérité de Rodolphe III de la Bourgogne et de la Provence. Sous le règne de ce Rodolphe, surnommé le *Fainéant*, les grands vassaux accrurent si fort l'étendue de leurs domaines et de leur pouvoir, que le roi se trouva moins puissant que le moindre d'entre eux. Sa pauvreté était extrême et son revenu si borné que, sans les deniers des annates, à peine aurait-il pu subvenir aux premiers besoins de la vie. Sa mollesse et sa lâcheté, qui passaient en proverbe, hâtèrent le développement des projets ambitieux de ses vassaux ; aussi les grands, qui le méprisaient, fondèrent-ils leur indépendance au détriment de son autorité, et profitèrent de la réunion du royaume de Bourgogne à l'empire pour s'ériger en souverains. Conrad, à son tour, gouvernait difficilement ses nouvelles acquisitions, soit manque d'énergie de sa part, soit à cause de l'éloignement de sa résidence. Cet état de choses ouvrit alors un vaste champ à l'ambition des nobles, qui, tous, supportaient impatiemment le joug de l'empereur. Les prélats, obligés par la nature de leurs fonctions de résider dans les villes principales, s'en rendirent les maîtres et agrandirent progressivement leurs territoires. Les nobles, au contraire, habitant les champs, y bâtirent des châteaux forts ou s'emparèrent de ceux qu'ils trouvèrent à leur bienséance, contraignant les gens de la glèbe de se ranger sous leurs lois impitoyables. De ces diverses usurpations surgirent une foule de comtés tels que ceux d'Albon, de Maurienne, de Diois et de Valentinois. Bien que ces comtés fussent en grande partie des fiefs de l'empire, puisqu'ils étaient le résultat des concessions tantôt volontaires, tantôt forcément octroyées par l'empereur, néanmoins ils jouissaient d'une grande liberté et mettaient à même leurs possesseurs, sauf la vaine cérémonie de l'hommage, d'être chez eux de petits rois indépendants. Ainsi des ruines du royaume de Bourgogne s'élevèrent de nombreuses seigneuries, dont les dissensions déchirèrent long-temps la contrée.

(*Essais historiques sur la ville de Valence*, pag. 25.)

Règne des Boson.

L'histoire du premier royaume de Bourgogne est trop connue et se lie d'une manière trop intime avec l'histoire de France pour que nous en parlions ici. Afin d'arriver à ce qui intéresse plus particulièrement la province, nous passerons de suite à l'usurpation de Boson, allié à la famille de Charlemagne et fondateur du second royaume de Bourgogne.

Nécessitée en quelque sorte par l'état d'abandon où l'incapacité des descendants de Charlemagne avait laissé nos provinces méridionales, l'audace de Boson était justifiée par le bien public. Mais alors ce motif puissant ne suffisait pas; il fallait le colorer de droits et de motifs personnels; il fallait surtout s'appuyer sur l'intérêt particulier de l'église, et c'est ce qu'on fit dans l'acte d'élection.

« Les évêques, y est-il dit, s'étant assemblés à
» Mantaille, dans le diocèse de Vienne, pour y traiter

» des affaires de l'église, et se voyant sans secours
» depuis la mort du dernier roi, non-seulement par
» rapport à eux et aux biens des églises, mais encore
» par rapport aux biens de tout le peuple, personne
» de ceux qui pouvaient succéder à ce royaume par
» leur naissance n'étant en état de le gouverner par lui-
» même, ont résolu avec les principaux seigneurs de
» ce royaume, qui se sont joints à eux dans cette assem-
» blée, de se choisir un roi qui eût toutes les qualités
» nécessaires marquées dans les saints livres. C'est
» dans cette vue que, jetant les yeux sur tous ceux
» qui pouvaient être à portée de cette dignité, ils les
» ont arrêtés, d'un consentement unanime, sur un
» homme qui leur a paru la mériter préférablement à
» tous les autres, homme illustre que l'empereur
» Charles avait choisi déjà depuis long-temps pour
» son conseil et pour général de ses armées; que
» l'empereur Louis, qui vient de mourir, avait résolu
» d'élever aux plus hautes dignités; que le souverain
» pontife, l'évêque de Rome, aime comme son fils et
» qu'il a choisi pour son défenseur. C'est l'illustre
» prince Boson qui a été choisi d'une commune voix
» pour cette dignité, par la volonté de Dieu et les suf-
» frages des pasteurs et des principaux seigneurs du
» royaume, qui n'ont eu en vue dans cette élection que
» les besoins du royaume et les secours qu'il doit en
» espérer. Ce prince avait d'abord refusé cette dignité,

» mais il l'a acceptée enfin lorsqu'on lui a fait connaî-
» tre que les intérêts de Dieu et de son église le deman-
» daient ainsi de lui. Il s'est présenté devant le Seigneur;
» nous avons fait sur lui les prières accoutumées en
» cette occasion, afin que Dieu, qui lui a mis dans le
» cœur les plus saintes résolutions, lui fasse la grâce
» de les exécuter. »

Cet acte fut revêtu des signatures de six archevê-
ques et de dix-sept évêques.

Les fils de Louis-le-Bègue accoururent sur les bords
du Rhône pour arracher à l'usurpateur cette portion
importante de l'héritage de leur père; mais il sut
défendre avec courage le trône sur lequel il avait osé
monter. Il se reconnut vassal de l'empereur Charles-
le-Gros, chef de la maison des princes français, et
par cet hommage insignifiant il le détacha des intérêts
des fils de Louis-le-Bègue, qui furent obligés de con-
sentir à son élévation.

Boson mourut en 887. Louis, son fils, n'avait que
dix ans. Guidé par sa mère, il se rendit au château de
Kirchen sur le Rhin, où résidait Charles-le-Gros, et y
renouvela l'hommage de son père. Charles le reconnut pour roi de Bourgogne; il fit plus, il l'adopta
pour son fils. Dès lors, ses droits sur le royaume de
Bourgogne semblaient incontestables; mais Ermengarde, pour les affermir de plus en plus, crut devoir,
suivant l'usage de ce siècle, le faire proclamer dans

le concile qui se tint à cet effet à Valence en 890.

Dans ce temps où le sacerdoce et l'empire ne connaissaient pas les limites de leurs droits respectifs, il était nécessaire de les ménager tour à tour pour que l'un ne détruisît pas ce que l'autre avait fait ou consenti.

Tandis que Emengarde était occupée à assurer à son fils l'héritage de son père, Raoul ou Rodolphe I*er*, fils de Conrad, s'emparait de la Franche-Comté et de toute la partie septentrionale des états de Boson.

Il y eut ainsi deux royaumes de Bourgogne : l'un était connu sous le nom de Bourgogne Cisjurane, ou royaume d'Arles et de Provence ; l'autre était connu sous le nom de Bourgogne Transjurane. Ils sont souvent confondus par les auteurs anciens, ce qui jette beaucoup d'obscurité dans l'histoire de ces temps déjà si ténébreux.

Louis, fils de Boson, obtint la couronne d'Italie en l'an 900; mais bientôt elle lui fut enlevée par Béranger, qui le priva de la vue. Il se retira dans son royaume de Bourgogne, où il continua de régner sans opposition.

Hugues, qu'il avait créé duc de Provence, lui succéda; il était fils de Thibaud, comte d'Arles et petit-fils de Lothaire II, ancien roi de Bourgogne, par Berthe, sa mère. Il se prévalut des droits de cette princesse, et sans égard pour ceux de Charles Constantin, fils de Louis, il s'empara du royaume de Bourgogne; mais aspirant dans la suite à la couronne d'Italie et au titre d'empereur, il céda ses états en 930 à Rodolphe II, roi de la Bourgogne Transjurane. Les deux Bourgognes se trouvèrent ainsi de nouveau confondues.

A Rodolphe II succéda, en 937, Conrad-le-Pacifique, qui sut pourtant sacrifier son amour de la paix au bien de ses états. Il contribua avec Isarn, trente-troisième évêque de Grenoble, dont le siége continuait d'être à Saint-Donat, à soustraire enfin au joug des Maures la partie de cette province dont ils étaient possesseurs depuis plus de deux siècles. Isarn marcha contre eux à la tête d'une armée, les attaqua et les chassa du Dauphiné. Grenoble était presque désert : les riches avaient émigré, les ecclésiastiques avait fui. Rentré dans cette ville en vainqueur, il les rappela et fit succéder le culte de Jésus-Christ à celui de Mahomet. Après sa victoire, ce prélat disposa des terres qu'il prétendit lui appartenir par droit de conquête, et les distribua à ses compagnons d'armes.

Rodolphe III, qui mérita par un règne long et dégradé le surnom de *fainéant*, avait remplacé, en 993, Conrad-le-Pacifique.

On annonçait depuis long-temps la fin du monde, et dans l'espérance de gagner le ciel il s'était dépouillé pour enrichir l'église.

Il mourut sans enfants, le 6 septembre 1032, laissant un testament par lequel il léguait ses états à son beau-frère, Conrad-le-Salique, ou plutôt à Henri, fils de ce prince. Il lui envoya, peu de jours avant de mourir, la lance et l'épée de Saint-Maurice, en témoignage du don qu'il lui faisait de ses états, et là fut le terme de ce royaume, auquel on donna tantôt le nom de Bourgogne, tantôt celui de Vienne, et plus souvent celui de Provence et d'Arles.

(Statistique du département de la Drôme.)

Démembrement du royaume de Bourgogne. — Anarchie féodale.

Depuis longues années les seigneurs travaillaient à se rendre indépendants, et le règne lâche et faible de Rodolphe III servit merveilleusement leurs desseins. Ils tirèrent habilement parti du choix qu'il venait de faire d'un prince étranger pour lui succéder. Forts de l'éloignement où le retenaient les guerres d'Allemagne et d'Italie, ils lui disputèrent la couronne ; les évêques se rendirent maîtres des villes de leurs résidences, les comtes de leurs gouvernements, et les seigneurs des contrées qui environnaient leurs manoirs. Le pays fut livré au pillage, et partout s'élevèrent une foule de petits souverains, qui ne tardèrent pas d'être d'insupportables tyrans.

Cet évènement est un des plus graves de notre histoire; c'est celui qui a causé le plus de maux, et qui, en commençant l'ère si longue et si sanglante de l'anarchie féodale, a fait peser le plus de misère et de dégradation sur l'espèce humaine ....
....

Tout lien, toute harmonie, toute relation entre les diverses parties de l'empire furent détruits. La province devint un état particulier déchiré par les querelles de ces petits souverains, dont le moindre aspirait à s'élever sur la ruine des autres.

Les principaux seigneurs cherchèrent aussi à s'agrandir aux dépens des biens de l'église, qu'ils envahirent sous prétexte du droit de patronage qu'ils prétendaient sur elle. Plusieurs s'érigèrent en abbés laïques de divers monastères, où l'on voyait en même temps deux sortes d'abbés, l'un séculier et l'autre régulier. Il n'était presque plus de seigneurs au onzième siècle qui ne possédassent plusieurs églises ou paroisses avec les dîmes, les prémices, les oblations et même le droit de sépulture dont ils disposaient comme de leur patrimoine. Plusieurs restituèrent en différents temps aux cathédrales et aux abbayes quelques-unes de ces églises dont ils les avaient dépouillées; mais leurs successeurs, non contents de conserver les autres, reprirent bientôt après les premières, sans être arrêtés ni par les décrets des conciles, ni par les anathèmes des papes et des évêques.

Les empereurs d'Allemagne essayèrent à diverses époques de se ressaisir de la puissance ; ils vinrent plusieurs fois étaler dans l'ancien royaume d'Arles le faste insignifiant d'un titre sans attributions et d'une autorité sans force. Ils refusèrent rarement de concéder par des chartes ce que les seigneurs, les évêques et les congrégations religieuses leur demandèrent. Ils se figuraient que cette ombre d'une puissance nominale était le moyen de constater et de conserver leurs droits pour des temps meilleurs.

Frédéric Barberousse fut le premier et presque le seul qui se fit reconnaître ; il reçut tous les honneurs de la souveraineté, mais il ne rentra pas dans la possession des terres usurpées dont on se contenta de lui rendre hommage. Cependant, pour attirer les évêques à son parti, il les gratifia de concessions utiles et honorifiques.

En 1157, il donna la ville de Valence à Odon, son évêque, et il accorda à Robert, évêque de Die, le titre de prince de l'empire ; il lui concéda de plus la ville de son siège, dont il le fit comte.

L'évêque de Saint-Paul-Trois-Châteaux obtint la seigneurie de sa ville épiscopale, avec tous les droits utiles depuis le Rhône jusqu'à la rivière d'Eygues.

Les grands, les prélats et les ecclésiastiques pensèrent qu'il leur était utile d'obtenir un titre apparent de leur usurpation, et ils reçurent avec empressement les chartes que l'empereur leur accordait, ne pouvant mieux faire, avec une merveilleuse facilité.

Les plus puissants de ces petits souverains furent les comtes d'Albon, qui prirent plus de supériorité encore lorsqu'ils eurent acquis le comté de Vienne. Le prénom de *dauphin* donné à Guigues IX, l'un d'eux, fut adopté par ses descendants : il devint d'abord un nom de maison et ensuite un nom de dignité, ce qui détermina ces princes à prendre pour armes un dauphin ; de là aussi le nom de Dauphiné.

Ils tendirent sans cesse à subjuguer leurs voisins, à en faire leurs vassaux, et à en obtenir des cessions importantes.

Huit fois renouvelées en moins de deux siècles, et huit fois désastreuses, les croisades, en dévorant en pure perte l'élite de l'Europe entière, et en éloignant partout les hommes belliqueux, concoururent à affermir l'autorité des dauphins ; elles favorisèrent aussi l'agrandissement du clergé ; car les églises et les cloîtres achetèrent alors à vil prix beaucoup de terres des seigneurs, qui croyaient n'avoir besoin que d'un peu d'argent et de leurs armes pour aller conquérir des royaumes en Asie. Le trésor des chartes de Vienne était rempli de constitutions de fiefs faites à l'église et à prix d'argent, du temps des croisades, par ceux qui possédaient des terres en franc-alleu.

Béatrix, fille unique de Guigues V et héritière du comte d'Albon, n'ayant pas eu d'enfants du comte de Saint-Gilles, second fils de Reymond, comte de Toulouse, épousa, en 1184, Hugues, duc de Bourgogne; il fut la tige d'une seconde race à laquelle en succéda une troisième en 1282, qui prit naissance dans la maison de Latour-et-Coligny. Son nom, ses grandes possessions et le mérite de plusieurs souverains qu'elle donna à ce petit état, contribuèrent puissamment aussi à en augmenter la force et l'étendue.

Cependant les comtés de Die et de Valence, les baronnies de Montauban et de Mévouillon, restèrent indépendants assez long-temps encore.

Le comté de Die fut réuni, par droit de succession, à celui de Valence, en 1116.

Gontard, qui vivait en 950, est le chef des comtes de Valentinois, et le nom de Poitiers qu'il portait indique l'origine des comtes de Poitiers, ducs d'Aquitaine.

C'est en 1302 que les dauphins acquirent la baronnie de Montauban, et en 1318, celle de Mévouillon.

Enfin, c'est en 1339 que le marquisat du Pont fut soumis à la vassalité d'Humbert II. Cette contrée se composait de vingt-cinq communes dont le Pont-en-

Royans était le chef-lieu. Elle fut d'abord possédée par un seigneur nommé Ismidon, à titre de principauté ; d'Ismidon elle passa aux Bérenger, et ceux-ci reconnurent la suzeraineté du dauphin.

(*Statistique du département de la Drôme*, pag. 79.)

Cujas.

Dans un âge si peu avancé, la lecture des écrits de Jacques Cujas avait donné au fameux de Thou tant d'estime pour lui, que désirant passionnément de l'entendre, il quitta ses camarades avec lesquels il vivait dans une grande union, et s'en alla en Dauphiné. En passant, il s'arrêta six mois à Bourges ; il alla ensuite entendre Hugues Doneau et François Hotman, dont les grandes questions ont depuis été imprimées. De Bourges, il se rendit à Valence, en Dauphiné, où Cujas expliquait Papinius, et où François Roaldez et Edmond de Bonnefoi enseignaient ; c'était un an avant les troubles de Paris.

Ce fut à Valence que commença son amitié pour Joseph Scaliger, venu exprès dans cette ville avec Louis de Montjessieu et Georges du Bourg, pour voir Cujas qui l'en avait prié. Cette amitié, née dans la conversation, s'augmenta toujours et se conserva depuis ou par lettres ou par un commerce plus étroit pendant trente-huit ans sans interruption. Il ne pouvait cacher sa joie, quand des esprits d'un caractère aussi violent que malin lui reprochaient cette liaison. Il se faisait honneur en public de leurs médisances. Le souvenir d'un commerce si doux, si honnête et si savant, lui était si cher, qu'il disait souvent que si Dieu lui en donnait le choix, il était tout prêt de le racheter aux dépens des mêmes reproches et des mêmes outrages que leur haine injuste lui avait attirés; que c'était là toute la réponse qu'il avait à faire à leurs indignes calomnies.

De Thou proteste avec sincérité que tandis qu'il a pu jouir de l'entretien de ce grand homme, jamais il ne l'a ouï traiter aucune question de controverse sur les matières de la religion, jamais il ne s'est aperçu qu'il ait écrit à personne; du moins si Scaliger en a parlé quelquefois, ce n'a été que malgré lui et dans des rencontres où, étant fort pressé, il ne pouvait s'en défendre. Louis, seigneur d'Abin, de l'illustre maison des Chateigner, qui s'est acquitté avec tant d'honneur de l'ambassade de Rome; Jean, seigneur de la Rocheposai, et Louis, évêque de Poitiers, ses fils, en sont des témoins irréprochables. Instruits l'un et l'autre dans la maison paternelle par cet homme célèbre (le dernier particulièrement ayant demeuré long-temps avec lui en Hollande), s'ils sont sortis de ses mains plus savants, ils n'en ont pas été moins attachés à la religion de leurs ancêtres.

Scaliger avait, la religion à part, une érudition si profonde et si peu commune, qu'il n'y a point d'honnête homme qui ne dût souhaiter avec autant de passion de l'entendre et de recevoir ses leçons, que d'admirer et de respecter en lui les rares talents dont il avait plu à Dieu de le combler.

Mais on est assez malheureux de croire que la religion, qui de jour en jour faisait autrefois de nouveaux progrès, qui se fortifiait par la foi, par la charité et par une parfaite confiance en la bonté de Dieu, ne peut aujourd'hui se maintenir que par les conseils de la chair et du sang, par la brigue, par la cabale et par les fausses vues de la politique; sans faire réflexion que plus nous avons confiance aux illusions de notre esprit (et plût à Dieu qu'on n'en eût pas tant!), plus nous diminuons celle que nous devons avoir en la providence divine. De là vient la colère de Dieu contre nos péchés; de là l'emportement de nos passions et cet abandon presque général à un sens réprouvé qui, nous aveuglant sur nos devoirs, nous fait commettre les fautes les plus essentielles. Ne faut-il pas donc craindre qu'un mal si dangereux ne s'augmente tous les jours par la négligence de ceux qui devraient s'y opposer et qui, se confiant témérairement sur leurs propres forces et sur leurs faibles lumières, décident souvent à contretemps de ce qui concerne la religion? Ne doit-on pas craindre encore que ce qui reste de gens sages et équitables, qui se sont préservés de cette corruption par leur amour pour la paix et par leur attachement à l'ancienne discipline, ne se laissent entraîner dans les mêmes égarements? Il arrivera peut-être un jour qu'on cherchera de tous côtés inutilement le règne de Dieu, qui ne subsistera plus que dans un petit nombre de gens de bien, qui l'auront conservé par la douceur et par un esprit d'union et de charité.

Ce sont les plaintes dont on a souvent ouï de Thou s'entretenir avec Nicolas le Fèvre, quand ils cherchaient à se consoler ensemble de l'état déplorable de la chrétienté dans ces derniers temps. Ces conversations ne finissaient jamais sans s'animer mutuellement à persévérer dans l'exactitude de leurs devoirs malgré la haine du public, persuadés que les gens de bien seront toujours exposés à la persécution et à la calomnie, et qu'ils les devaient considérer comme une marque certaine de la bonté de Dieu et comme des gages de la récompense qu'ils en doivent attendre. J'ai cru devoir, en passant, faire ces réflexions au sujet de l'amitié que de Thou conserva toute sa vie pour l'illustre Scaliger, amitié qui lui fut reprochée par un espèce de gens d'un caractère aussi ennemi des lettres que de la vertu........................

(*Mémoires de la vie de* DE THOU, page 7.)

Je parlerai ensuite de Jacques Cujas de Toulouse. Ce fut un homme né pour faire l'ornement non-seulement de la France mais même de tous les pays de la chrétienté où les lettres et la science des lois sont en honneur, le plus grand et le seul jurisconsulte qui nous reste après ces premiers législateurs de qui nous tenons le droit, et à qui notre siècle et la postérité seront éternellement redevables des lumières pures et naturelles qu'il a répandues sur cette science. Tels sont les justes éloges que la reconnaissance pour ce grand homme a dictés à l'illustre Pierre Pithon. Cujas eut un bonheur dont les autres s'estiment trop heureux de pouvoir se flatter après leur mort; ce fut de jouir dès son vivant de la gloire que son mérite lui attira, et de s'entendre citer par excellence sous le nom de *jurisconsulte*, jusque dans le barreau où nos praticiens font assez peu de cas de cette science si estimable du droit ancien qu'il enseignait, et où on a continué de citer les autres auteurs par leur nom personnel. Cujas avait la taille petite, le corps épais et carré, le tempérament si fort que malgré ses études continuelles et excessives, il n'eut presque jamais de maladies. Il était seulement quelquefois incommodé d'un hocquet importun, qu'il arrêtait en se donnant quelque relâche et prenant un peu plus de dissipation qu'à l'ordinaire avec ses disciples. Avec une santé si robuste il ne fit jamais qu'un seul souhait, de l'accom-

plissement duquel elle semblait lui répondre ; ce fut
d'avoir le même sort que Philippe Dèce, qui était mort
à Pise quatre-vingts ans auparavant, et de se voir, à
l'âge de quatre-vingts ans, sain de corps et d'esprit, en
état de donner encore des leçons publiques. Ce fut
dans cette confiance qu'il commença son excellent
ouvrage d'observations dont chaque livre contient
quarante chapitres et qu'il avait dessein de pousser
jusqu'au quarantième livre. Mais nos guerres civiles
s'étant allumées sur ces entrefaites, ce grand homme,
qui par son caractère autant que par sa profession,
aimait véritablement la justice, voyant la division
fouler aux pieds tous les droits divins et humains,
détruire cette noble simplicité dans laquelle il avait
été élevé, et anéantir, à force d'artifices et de déguise-
ments dont la religion était le prétexte, cette aimable candeur dont il faisait tant de cas, assiégé dans
le lieu de se demeure ou plutôt jusques dans sa propre
maison, observé sans cesse par des scélérats qui déjà
avaient juré de le perdre, au lieu de cette longue vie
qu'il n'avait souhaitée que pour être utile au public,
n'aspira plus qu'à arriver à une meilleure, et tomba
dans un chagrin mortel qui l'enleva à Bourges, où il
enseignait alors, dans le mois de septembre, âgé de 68
ans, après avoir rendu tant de services à la société.
La ville lui fit des obsèques magnifiques et il fut inhumé à Saint-Pierre d'Auron, où Claude Maréchal,

qui avait été son disciple et qui était alors conseiller au parlement de Paris, magistrat également distingué par son esprit et par sa probité, fit son oraison funèbre. Cujas ne laissa qu'une fille qui était alors fort jeune ; et il ordonna par son testament que ses livres, qu'il avait enrichis de notes écrites de sa propre main et qu'il avait revus sur les meilleurs manuscrits, seraient vendus après sa mort afin qu'ils tombassent en différentes mains et se dispersassent par ce moyen. Son dessein, en faisant cette disposition, était d'empêcher que quelques curieux peu habiles ne formassent le projet à l'occasion de ses remarques, dont ils ne prendraient pas le vrai sens, de donner au public quelque ramas mal digéré ; ce qui aurait pu arriver si sa bibliothèque eût tombé entre les mains d'une seule personne ; tant il est vrai que ce grand homme, né pour le bien de la société, portait ses soins pour la république des lettres, même jusques dans le tombeau..............
....
....

(DE THOU, tom. 11, p. 229.)

L'évêque de Valence se rendit de là à Strasbourg, où il avait donné rendez-vous à Pierre Gilbert Mallot, conseiller au parlement de Grenoble, à Charles de Leberon, abbé de Saint-Ruth, fils de sa sœur, et à Joseph Scaliger, très-illustre fils d'un des plus illustres

et des plus savants hommes de ce siècle. Montluc, qui connaissait sa vaste érudition, se flattait qu'un homme de ce mérite lui ferait honneur et lui serait d'une très-grande utilité. Mais il fut fort chagrin de ne trouver aucun de ces trois hommes à Strasbourg. La nouvelle de ce qui s'était passé à Paris les avait tellement effrayés qu'ils avaient cru que dans l'état où étaient les affaires, Montluc ne partirait point. Ainsi chacun prit son parti, les uns s'en retournèrent chez eux, les autres s'en allèrent errant de côté et d'autre à l'aventure. Scaliger quitta Valence en Dauphiné, où il étudiait sous Cujas, et se retira à Genève avec Ennemond Bonnefoi, célèbre professeur de cette université, et jamais on ne put le déterminer à sortir de cette ville, quelque instance qu'on lui fit....................
....

(DE THOU, tom. 2, page 450.)

Govea et Bonnefoi.

Les lettres dont son père avait inspiré l'amour à tous ses peuples n'eurent pas en lui un protecteur si soigneux. Néanmoins il ne les haït pas et souvent il étendit jusqu'à elles ses faveurs et ses bienfaits. Dans cette principauté les universités de Valence et de Grenoble étaient florissantes, et l'an 1558 Antoine de Govea était le premier professeur de celle-ci. C'est le fameux Govea, comme l'appellent les docteurs français, qui seul aurait été capable de disputer à Cujas la palme de la jurisprudence, s'il eût été aussi laborieux pour écrire qu'il était un bel esprit pour tout comprendre sans peine, et savant en toutes sortes de littératures pour dissiper par elles les ténèbres qui enveloppent si souvent les pensées des anciens jurisconsultes, dans les fragments qui nous restent de leurs ouvrages dans le Digeste. Claude Paschal, premièrement avocat célèbre et après conseiller au parlement de Dauphiné, était en ce temps-ci estimé des meilleurs jurisconsultes. Il est l'auteur d'une décision touchant la clause codicillaire que le vulgaire attribue à Guy-Pape, parce qu'elle est la dernière dans le volume de ses questions.

A cause de Paschal elle est appelée la paschaline; mais elle avait aussi une grande érudition, et des vers qu'il a composés à la louange de l'amiral de Bouttières apprennent qu'il avait bien fait autant de progrès dans la poésie latine que dans la jurisprudence. Jean de Botéon, chanoine régulier de l'ordre de Saint-Antoine de Viennois, fut aussi un des plus grands personnages de son siècle. Il avait fait profession dans l'abbaye chef de cet ordre, et avait reçu les premières teintures des mathématiques dans l'école d'Oronce

Finé. Il alla dans ces sciences aussi avant que son maître, et même il y en eut qui crurent que pour la quadrature du cercle, que Finé se vantait d'avoir trouvée, il l'avait laissé bien derrière lui. La langue grecque lui était familière, et l'an 1558 il traduisit le *Ménologe* et l'*Horologe* des Grecs ; ils appellent ainsi ce que nous appelons Heures ; ce sont les prières à Dieu et aux saints, usitées parmi eux, et Jean Molan en fait mention. Mais il était merveilleusement industrieux à faire toutes sortes d'instruments de mathématiques et de musique. Il y inventa des choses qui n'étaient tombées avant lui dans la pensée d'aucun homme. Il perfectionna ceux qui étaient déjà connus, et apporta à tous tant d'art et d'exactitude qu'il sembla qu'il n'y avait plus rien à ajouter. Il mourut dans Saint-Antoine l'an 1560, âgé de 75 ans. Dix ans avant lui, était mort à Valence Antoine de Darne, après y avoir enseigné publiquement le droit, comme professeur royal, durant trente-cinq ans. Son corps fut accompagné au tombeau par les consuls de cette ville, qui résolurent, en une assemblée générale, que cet honneur lui serait rendu à cause de son rare mérite. Aussi avait-elle accoutumé de lui faire chaque année des présents et des gratifications considérables. Ce qui n'excitait pas contre lui l'envie de ses collègues, qui révéraient sa capacité et sa vertu. Anne Robert, qui plaida le 4 du mois d'août de l'an

1594 contre les consuls de Valence, la cause de Pierre de Darne son fils, fit son panégyrique, et donna à son mérite les louanges dont il était digne; ce furent autant de raisons invincibles pour la défense des intérêts de sa partie, qui en effet obtint tout ce qu'elle pouvait prétendre pour la noblesse de sa famille et pour l'exception de ses fonds. Aux descendants des grands hommes la naissance tient droit et lieu de mérite quand même ils en manqueraient; ce qui n'est qu'un accident à l'effet de la substance, pour honorer la vertu..
....

(CHORIER, tome 2, page 539.)

Ennemond de Bonnefoi, né dans Chabeuil, la professa dans l'université de Valence, au même temps que Cujas et Hotman. Ses œuvres latines, où il a le nom Bonefidius, et entre autres son *Traité du droit civil et canon dans l'Orient*, apprennent combien son érudition était grande et solide. Nous avons déjà parlé de lui ailleurs. La peur qu'il eut durant les carnages qui suivirent la journée de Saint-Barthélemy, lui fit concevoir un tel chagrin contre son pays qu'il se retira à Genève, où il finit ses jours.

(CHORIER, tome 2, page 731.)

Jean Montluc, évêque de Valence.

D'Agen, la reine-mère passa à Toulouse, lieu de la résidence du parlement de Languedoc, où Jean de Montluc, évêque de Valence, vint la saluer. Ce prélat avait un ordre de la cour l'année précédente, de passer dans cette province pour y préparer les esprits à quelque accommodement ; et il s'était rendu auprès de la reine pour l'informer plus particulièrement par lui-même du succès de sa négociation. Ce fut là qu'il tomba malade, accablé ou de vieillesse ou des travaux qu'il avait essuyés dans tant d'affaires dont il avait été chargé ; et il mourut peu de jours après. J'ai si souvent parlé avec éloge de ce grand homme, que je croirais me rendre ennuyeux si je répétais ici ce que j'en ai déjà dit. Il suffira qu'on sache qu'il était également estimable par ses talents naturels et son érudition, et qu'il n'eut jamais rien plus à cœur que de voir la paix rétablie dans l'église. Destiné dès sa jeunesse à l'état ecclésiastique, à peine il parut à la cour, qu'on le regarda comme capable des plus grandes affaires. Ce fut par là qu'il s'introduisit dans les bonnes grâces du cardinal de Lorraine, qui se faisait alors un plaisir de protéger à la cour les gens d'esprit, et qui le fit employer dans plusieurs ambassades, dont il s'acquitta avec beaucoup d'habileté et de bonheur. Je ne parle point de celle d'Ecosse ni de quelques autres. Il est certain qu'il réussit admirablement dans celles de Constantinople et de Pologne, où, contre l'espérance de tout le monde, malgré les brigues de tant de princes prétendant à ce grand et puissant royaume, qui par la mort de Sigismond Auguste, décédé sans enfants, dépendait du choix de la nation, il sut écarter tous ses concurrents et réunir tous les suffrages en faveur de Henri, alors duc d'Anjou. Mais ce prince, qui aurait préféré les délices de la cour de France à toutes les couronnes du monde, reconnut fort mal un si grand service. Il regarda cette élection, qui le comblait de gloire, comme un exil honorable que ses ennemis lui imposaient pour l'éloigner, et depuis ce temps-là, il ne put voir de bon œil celui à qui il en était redevable. Montluc, d'un autre côté, qui se voyait déjà dans un âge avancé et pour qui sa disgrâce semblait être un avertissement du ciel qui l'exhortait à penser à la retraite, eut l'imprudence de ne pas profiter à temps de cette occasion, et il eut la douleur de se voir, dans un âge décrépit, mourir méprisé dans le commerce des dames de la cour, tandis qu'il aurait pu se flatter de jouir tranquillement, le reste de ses jours, d'un repos honorable dans son diocèse.

(DE THOU, tome 8, page 77.)

Troubles de Valence.

Ceux-là sont vraiment les gens du roi, qui ne s'opposent pas aux grâces qu'ils font à leurs peuples, et qui savent que par elles la royauté montre sa puissance et l'affermit. On avait besoin de gagner au roi le zèle des corps. On ne pouvait mieux que par lui combattre l'ardeur avec laquelle quelques-uns de ses membres commençaient à se précipiter dans les nouvelles erreurs qui, par l'esprit et le savoir de Jean Calvin, donnaient tant de peine à la vérité. C'est à quoi Clermont avait principalement ordre de veiller. Le progrès de cette secte semblait fatal à l'état, et c'était par les prétextes qu'elle présentait à l'ambition des uns et aux mécontentements des autres. Mais Clermont était doux et modéré; il croyait que les grandes saignées ne guérissaient pas les maladies de l'esprit. Souvent les remèdes violents sont des maux. De sorte que le nombre de ceux que le ministre Pierre Bruslé avait séduits dans Valence, et François de Saint-Paul, dans Montélimar et dans Romans, s'était merveilleusement accru. Cette nouvelle doctrine fut aimée par la haine que l'on avait contre les mauvaises mœurs de quelques ecclésiastiques. Ceux qui l'embrassèrent n'étaient pas assez éclairés pour juger si elle était conforme à la parole de Dieu, quoiqu'ils prissent le nom de réformés et d'évangélistes. Elle était enseignée avec grand soin dans ces trois villes ; mais elle acquit bientôt plus de crédit et de foi dans celle de Valence que dans les autres. Pierre Bruslé avait été intimidé, et sa peur lui avait fait abandonner son troupeau. Les ministres à qui on avait alors rendu propre le titre de pasteurs, appelaient leur troupeau ceux qu'ils avaient ravis par leurs persuasions à leurs pasteurs légitimes. Mais Gilles de Soulas, natif de Montpellier, lui succéda, et plus hardi que lui, fit mieux juger de sa doctrine, par le mépris qu'il témoignait de la mort. Quand on ne donne que des paroles à l'opinion que l'on soutient, on ne la dégage pas de tout soupçon ; mais qui lui donne son sang persuade, comme il montre qu'il est persuadé. Les maisons particulières n'étant plus assez spacieuses pour l'exercice de cette religion naissante, Soulas, qui avait gagné les meilleurs esprits de l'université, en choisit les écoliers pour l'y porter. Il fut suivi de tous, son ardeur ayant pénétré dans les cœurs les plus froids ; on s'y assemblait presque chaque nuit à neuf heures. Ce lieu donna à leurs assemblées la qualité d'un exercice public, défendu par les édits, et le temps semblait le leur ôter et les mettre à couvert et du blâme et de la peine de la contravention. Soulas eut besoin d'un secondaire ; Lancelot, gentilhomme angevin, le vint joindre ; et dès lors ce secours lui fit espérer que, quoi qu'il entreprît, rien ne lui serait impossible. En effet, ils disposèrent si bien toutes choses, qu'ayant résolu de se rendre les maîtres d'une des églises de Valence, qui leur fût commode, ils exécutèrent facilement ce dessein. Le dernier jour du mois de mars, qui était un dimanche, ils prêchèrent publiquement à huit heures du matin et à deux heures après midi, dans l'église des Cordeliers, où tous ceux de leur parti se rendirent en foule. La plupart étaient armés pour repousser l'injure, si on leur en voulait faire, comme ils disaient. Mais quand d'une religion il se fait un parti dans un état, on passe facilement de la défense à l'offense et de la précaution à l'insulte.

Telles assemblées était défendues, comme l'était aussi le port des armes ; néanmoins ils ne laissèrent pas de continuer cet exercice public comme ils l'avaient commencé, par les prêches, par la psalmodie, par les prières, par la cène. Cela n'avait point encore été entrepris dans nulle autre ville du royaume, ni du Dauphiné ; ce qui rendait cette action plus criminelle et moins excusable. Les plus judicieux n'avaient pas été les maîtres, et la fureur de quelques étourdis l'avait emporté sur leurs sentiments. Les plus séditieux étaient François Giraud, François Marquet et

François de Saillans. La multitude est téméraire à entreprendre et lâche à soutenir. Ils lui persuadèrent ce qu'ils s'étaient proposé plutôt par une vanité inconsidérée, que par nulle nécessité. Mais après, elle les abandonna. Claude de Miribel, seigneur de Miribel, et Jean de Quintal, et d'autres gentilshommes à qui la nouveauté avait donné le dégoût de la créance de leurs pères, étaient à la tête de ce peuple. Leur zèle était si enflammé, que pour éviter que cette église qui leur servait de temple ne fût reprise sur eux par les catholiques, comme ils en étaient menacés, ils ne refusèrent pas de coucher long-temps dans les cloîtres qui lui étaient contigus. Dans ces occasions, le peuple résout sans raison, et les plus sages ne peuvent, avec raison, se dispenser de suivre ce qu'il a résolu; l'honneur du parti est une raison générale que les plus prudents appliquent aux desseins les plus mal conçus, pour se les persuader quand ils n'ont pas d'autre moyen. On imita en même temps dans Montélimar et dans Romans, l'exemple de ce qui s'était fait dans cette ville. François de Saint-Paul, ministre de Montélimar, prêcha aussi publiquement dans l'église des Cordeliers. La noblesse des environs, qu'il avait gagnée, l'appuyait hautement. Charles du Puy, seigneur de Montbrun; Albert Pape, seigneur de Saint-Auban; Marius de Vesc, seigneur de Compset; Carita, seigneur de Candorce; Nicaze, Sauzet et quelques autres, avaient tellement abattu le courage des catholiques par leur autorité et par leur nombre, qu'ils n'osaient même prendre la liberté de se plaindre ni de parler de leur religion. La négligence de Félix de Bourial, sénéchal de Valentinois, et le bruit que l'on faisait courir, que Jean de Montluc, évêque de Valence, passait à la cour pour favorable à ces nouveautés, les persuadaient aux faibles et les recommandaient aux autres. Elles furent reçues dans Romans avec un applaudissement presque universel et n'y eurent pas plus de retenue. Leurs partisans s'y rendirent aussi les maîtres de l'église de Saint-Romain, le 17 du mois d'avril, et y firent depuis tous les exercices de leur religion. Ils s'assemblaient publiquement, mais armés, et ne cachaient pas leurs armes. Les faire paraître, c'est souvent le seul moyen que l'on a dans les divisions publiques, d'éviter l'occasion de les mettre en usage. Michel et Jacques de Fey, successeur de Chagny, et d'autres gentilshommes avec eux, étaient dans cette ville les chefs du parti. Cependant le grand prieur de France était arrivé à Lyon, mandé par le duc de Guise, son frère, pour pourvoir aux désordres de cette province. Le duc l'avait chargé de châtier sévèrement les factieux et de ne pardonner point aux chefs. Mais trop de rigueur penchant à la cruauté fait haïr la puissance; n'obéir que parce qu'on y est forcé, est une révolte d'autant plus dangereuse que l'amour en est imprimé dans le cœur par les désirs de vengeance qu'inspire l'oppression. Il conféra avec Clermont, lieutenant du roi, et avec Maugiron, qui le sera dans quelques années, des moyens de faire, dans Valence, des exemples qui ramenassent les villes voisines à leur devoir. Il assembla des gens de guerre, et le baron des Adrets fut commandé de marcher vers cette ville avec une partie de sa légion. Ces préparatifs jetèrent les gens de bien dans une grande consternation, et Mirabel et Quintal commencèrent à se repentir de leur désobéissance. Clermont, qui avait fait espérer que tout se pacifierait, sans répandre du sang, se servit du ministère de Rostaing, conseiller au parlement, et de Jacques de Saint-Germain et d'André de Laporte Lartaudière, gentilshommes connus dans Valence. Ils disposèrent leurs chefs à cesser leurs assemblées, à rendre aux Cordeliers leur église, à désarmer et à se soumettre à la volonté du roi. Mais Marquet, Saillans et Giraud n'y consentirent point, et leur folle opinion fit taire ces sages conseils. Ils firent publiquement leur cène dans cette église, et tous les autres exercices de leur religion le jour de Pâques, qui se rencontra le 17 du mois d'avril. Sans doute il y eut plus de férocité que de zèle. Plus de cinq mille personnes participèrent à cette cène, qui est toujours la plus solennelle de l'année. L'orgueil des sujets rebelles s'accommode peu avec l'humilité chrétienne. Les catholiques étaient dans l'obéissance et dans la crainte; ils appréhendaient d'être enveloppés avec les criminels dans une même ruine, et quelques familles sortirent de Valence et se retirèrent à Tournon. Ils ne voyaient que périls de tous côtés et peu d'apparence de les éviter. Ils avaient d'un commun consentement et par l'avis de Clermont, baron de Monteson, élu sur eux capitaine général, Gaspard de Saillans et lui avaient commis le soin du salut de leurs maisons et de leur ville. C'est celui qui, ayant épousé quatre ans après Louise de Bourges, a écrit lui-même l'histoire de sa recherche et de son mariage. Il fit faire une revue générale des habitants dont il pouvait s'assurer, et il s'en trouva douze cents, tous bien armés. Saint-Germain fut envoyé au roi pour l'informer de l'état de la ville; et cependant on tâcha de négocier un accommodement entre les deux partis. Les prétendus réformés n'étaient pas bien traitables, parce que leur gouvernement était démocratique. Néanmoins ils promirent de quitter les armes et le couvent des Cordeliers dont ils faisaient leur citadelle. Mais ils ne furent pas exacts à tenir leur parole; ils crurent d'y avoir satisfait, parce que dès lors ils ne s'assemblèrent plus dans l'église de ce couvent, mais seulement dans son réfectoire; leur obstination fit que Maugiron fut envoyé en cette ville avec un pouvoir absolu.

Il était homme de cour et homme de cœur ; d'abord qu'il fut arrivé, accompagné d'Annet de Maugiron, seigneur de Lesseins, son frère, et d'environ six vingts gentilshommes, sans s'amuser à raisonner avec l'ennemi, il se prépara à l'attaquer dans ce couvent et à forcer ceux qui s'étaient promis de le défendre. Il fit pointer quelques fauconneaux contre les portes, et ayant mis les catholiques sous les armes, il ne leur manquait plus que le commandement pour donner. Mirabel et Quintel, quoique braves et courageux, ayant été sommés le 20 du mois d'avril, à huit heures du matin, de mettre bas les armes et de vider le couvent, obéirent. César d'Ancezane, seigneur de Vinay, leur ouvrit les yeux par ses discours, et comme il avait été convenu avec eux, Maugiron ferma les siens à leur fuite. Ils lui laissèrent tout l'avantage qu'il pouvait souhaiter, à la réserve de celui de les avoir pris. Ce fut ce qui facilita l'accommodement. Pardonner à deux têtes, c'est souvent en épargner mille. Mais Lancelot et Soulas furent faits prisonniers, et avec eux Marquet et quelques autres, comme auteurs de la sédition, chefs des séditieux et perturbateurs du repos public. Il fut procédé, après cela, à l'élection des nouveaux consuls, où ce qui était prescrit par un arrêt du parlement du 22 du même mois fut observé. L'exclusion fut donnée à tous ceux qui seraient convaincus d'avoir assisté aux prêches, ou dont la foi serait suspecte; et Claude de Péronne, docteur-médecin, fut nommé premier consul. Clermont, lieutenant du roi, suivi de plusieurs gentilshommes entre lesquels étaient la Tivolière et Lestan, l'un lieutenant et l'autre guidon de sa compagnie, et Gaspard de Saux, sieur de Tavannes, eurent ordre du roi de se rendre aussi à Valence, ce qu'ils firent le 4 du mois de mai, et le lendemain le baron des Adrets y entra à la tête de trois compagnies de gens de pied.

Tous ensemble désarmèrent les habitants suspects, et ayant pourvu à la sûreté de la ville passèrent à celle de Montélimar. Il y avait eu moins de désordre et par conséquent il y avait moins à punir. Le châtiment des prisonniers semblait juste, les catholiques le demandaient pour leur sûreté, et on le croyait nécessaire aux autres pour l'exemple. Truchon, premier président, et les conseillers Laurent Rabot, Jean Duvache, Fabri, André Ponat, Aimar Rival, Dugua, Laubepine et Rostaing, furent députés avec Jean Borel-Ponsonas, second avocat général, par le parlement pour leur faire leur procès. De Stratis et les deux ministres Soulas et Lancelot furent condamnés à perdre la tête, Marquet et Giraud à être pendus, d'autres au fouet et d'autres à faire amende honorable. De Stratis fut convaincu d'avoir fait entrer par des échelles appliquées aux murailles de la ville ceux qui venaient aux prêches; et sa maison contiguë favorisait ce sacrilège. Violer les murailles des villes, c'en est un dans l'ancienne jurisprudence. Sa tête et celles des deux autres demeurèrent long-temps exposées au-devant de l'église qu'ils avaient profanée, et les membres de leurs corps écartelés le furent en divers lieux. Les ministres furent conduits au supplice ayant un biâllon dans la bouche et leur éloge écrit au-devant de leur estomac en ces deux mots : *Séditieux et rebelles.* Aux crimes publics la peine doit plus durer que le criminel ; Marquet fut exécuté, et le même arrêt qui le condamna à mort ordonna aussi que sa maison serait rasée, et que cette inscription y serait laissée pour être un enseignement public : *Ici était la maison de François Marquet, secrétaire des séditieux et rebelles qui furent exécutés le* 25 *mai* 1560. Il fut en même temps résolu dans une assemblée particulière que les leçons de l'université cesseraient jusqu'à la fête de saint Luc. Mais François Joubert, qui m'apprend ces particularités par des mémoires écrits de sa main, ni quelques autres, ne furent pas de cette opinion. Elle n'était fondée que sur ce que plusieurs des écoliers ayant été fréquents aux prêches de Soulas et de Lancelot, il y avait lieu d'appréhender le penchant où ils étaient. Aussi les commissaires qui furent consultés là-dessus trouvèrent à propos que seulement à l'avenir on obligeât ceux qui viendraient étudier à cette université à promettre de vivre dans la religion catholique et conformément aux ordonnances royaux. Ils jugèrent cette précaution capable de dissiper toute la crainte et qu'il n'en fallait pas d'autre. Ils firent aussi châtier dans Romans quelques-uns des plus séditieux. Il y en eut de condamnés à mort, d'autres aux galères et d'autres au fouet. Ceux qui moururent furent Robertte et Mathieu Rebours; celui-là parce qu'il avait logé le ministre dans sa maison et l'autre parce qu'il avait gardé l'entrée de l'église de Saint-Romain, qu'ils avaient usurpée, armé d'une arbalète et d'une épée, et tous deux étaient des plus séditieux. On en avait arrêté jusqu'à soixante, mais la peur leur tint lieu de châtiment; ils furent mis en liberté après avoir passé dans les prisons quelques mauvais jours. Laubepine et Ponsonas ne survécurent pas long-temps à cette exécution; et ceux qui les haïssaient publièrent que leur prompte mort était un coup de la vengeance divine. Les superstitieux se figurent qu'elle prend part à tout ce qui les touche et que les maux qu'on leur fait souffrir l'irritent et l'arment toujours. La bonté du roi et la prudence de ceux qui gouvernaient mirent fin à cette poursuite par une déclaration donnée à Amboise, qui abolit et le crime et la peine. Montbrun la présenta aux commissaires, le 20 de mai, et les accompagna à Valence où elle fut publiée. Il n'y eut que les ministres, les officiers royaux et ceux qui avaient conspiré contre la personne sacrée du roi, qui en fussent exceptés. Ce pardon était trop général, et ne regardait point particulièrement comme il était nécessaire, l'émotion arrivée à ces trois villes et ensuite en quelques autres. C'est pourquoi le mois de juillet suivant les coupables, qui appréhendaient de nouvelles recherches, en obtinrent une plus exprès, mais avec la même réserve. Tout fut ainsi pacifié et chacun fut en sûreté dans sa maison. Le choix de la religion n'étant plus imputé à crime, il n'y eut que l'exercice public qui en fut défendu. Et au reste ce ne fut plus une rébellion de croire ce qu'on voudrait. Cette liberté de conscience fut une matière de nouveaux troubles; car plusieurs gentilshommes, que la peur seulement tenait attachés à la religion de leurs pères, se révoltèrent contre elle. Ils allèrent au crime par le pardon. Leur passion ne laissa pas aux sujets de leurs terres la même liberté : ils commencèrent à les exhorter de changer comme eux; et leurs paroles n'ayant pas un assez prompt effet, ils les contraignirent de le faire par les mauvais traitements et par les menaces. Mais Montbrun fut le plus violent de tous; il avait appelé de la ville de Genève des ministres qui prêchait dans son château et forçaient ses sujets à coups de bâtons de les venir ouïr. Il les eut bientôt pervertis, la constance que ses promesses ou ses menaces avaient ébranlée étant enfin abattue par les douces et flatteuses paroles des ministres. Tellement qu'il se faisait dans cette terre un exercice public de cette religion. Le sénéchal Bourjac feignait de n'y prendre pas garde par une dissimulation affectée ; néanmoins, il lui rendait de fréquentes visites et les soupçons que l'on avait contre lui se convertirent ainsi en évidence. On ne doutait plus qu'il ne fût dans les mêmes sentiments. Mirabel fut plus modéré, il tâcha de s'excuser auprès du roi, et ne pouvant se justifier, son repentir obtint sa grâce. Il n'était pas moins zélé que Montbrun pour sa créance comme il le témoigna bien après : mais de son zèle il ne faisait pas son devoir. Obéir à son prince et à la loi de l'état c'est une partie de la piété comme l'est l'honneur dû aux pères.

Montbrun n'ignorait pas que sa conduite était un scandale aux catholiques. Il était averti de tous côtés que l'on avait des desseins sur sa personne et que s'il était pris rien ne le sauverait. C'est pourquoi il commença à se tenir sur ses gardes et à fortifier son château. Il arma ceux de ses sujets qui lui semblaient les plus courageux et les plus fidèles, et fit venir des soldats étrangers pour aguerrir ceux-là par ceux-ci. Des gentilshommes ses voisins ou ses parents se réunirent aussi pour lui sous les armes. De sorte que le parlement ayant ordonné qu'il serait pris au corps, et à Marin Bouvier, prévôt des maréchaux de France en Dauphiné, d'exécuter son arrêt, il se trouva assez fort pour résister s'il était attaqué. Il avait épousé

Justine Alleman de Champs, fille de François Alleman de Champs et de Justine de Tournon, qui l'était de Just premier de Tournon, frère du cardinal François de Tournon. Son alliance avec ce prélat si puissant et les amis qu'il avait auprès du roi tenaient en suspens les foudres de la justice dans les mains des magistrats levées contre lui. Il écrivit au cardinal son parent et à d'Avançon, qui était alors à Grenoble, et voulut leur persuader qu'il n'y avait rien de répréhensible dans sa conduite. Mais la réponse qu'ils lui firent, fut qu'il devait obéir, qu'il fallait qu'il désarmât et qu'il vécût dans la religion de ses pères ou du moins d'une telle manière dans une autre que son changement ne fît ni scandale ni éclat. Il crut que se cacher était une bassesse à un homme de cœur et un crime à un esprit bien persuadé de sa créance : et ce fut ce qui fit résoudre à Truchon de le pousser et de ne l'épargner pas. Mais il était plus aisé d'ordonner à Bouvier de le prendre, qu'à Bouvier de le faire. En effet, le prévôt s'étant avancé jusqu'à Raillannette et ayant arrêté inconsidérement un des domestiques de Montbrun, celui-ci assembla ses amis et le vint chercher. Ils parlèrent quelques temps ensemble tous deux à cheval en un endroit du grand chemin qui fut choisi pour cela, Montbrun ayant témoigné qu'il désirait de s'éclaircir avec Bouvier. Le prétexte de Montbrun était d'apprendre pourquoi son domestique avait été fait prisonnier. Dans cette conférence il déclara au prévôt qu'il avait été averti que sa marche n'avait que lui pour objet; le prévôt le niant, ajouta que cela n'était pas; que s'il avait cette commission, rien ne l'empêcherait de l'exécuter. La vanité est le vice des moins habiles qui s'estiment, parce qu'ils ne se connaissent pas. Montbrun se mit en colère et le terrassa, et en même temps il investit Raillannette, où était la compagnie du prévôt. Rien ne lui résista, et Bouvier et ses gens furent tous faits prisonniers et conduits au château de Montbrun. Les archers en furent renvoyés peu de jours après, mais le prévôt fut retenu. Quelque temps après la Motte-Gondrin entra dans Valence, où il fut reçu solennellement. Le duc de Guise n'était pas satisfait de la froideur de Clermont en l'exécution des édits; ou espérait qu'en lui faisant injure il ferait plaisir à la reine-mère du roi, ennemie mortelle de la duchesse de Valentinois, dont Clermont était un des proches. C'est pourquoi il lui avait ôté la lieutenance générale et l'avait fait donner à Lamotte-Gondrin, qui avait tout le feu qui semblait manquer à Clermont. Mais la noblesse murmura de ce choix et souffrit impatiemment que le droit de la province fût violé. Tant le gouverneur général que le lieutenant de roi lui étaient étrangers, et il fallait que l'un ou l'autre y fût né. Mais la volonté du souverain dans laquelle réside toute l'autorité publique fait passer pour un consentement universel présumé tout ce qu'elle délibère, et pour refus particulier et criminel, tout ce qui s'éloigne d'elle. On fut contraint d'obéir à ce nouveau lieutenant de roi et le parlement ne tarda pas à le reconnaître. Leur désunion aurait été leur faiblesse. Aussi d'abord il fit agir son autorité pour appuyer et pour fortifier celle du parlement, à qui le mépris de Montbrun avait donné une rude secousse. Il lui envoya faire commandement de relâcher Bouvier et de comparaître en même temps en personne devant cette cour qu'il avait offensée, pour se justifier. S'il n'obéissait, il le menaça de l'y contraindre par la force des armes et de le traiter comme séditieux. Montbrun avait pris Royans et diverses places des environs, où il avait mis garnison, et savait bien que ses troupes quoique peu nombreuses rendraient la victoire douteuse entre lui et le lieutenant du roi, quelque bien accompagné qu'il fût. Néanmoins, il était dans le dessein de ne rien hasarder et ne cherchait qu'une occassion de sortir de la province sans que l'on pût dire qu'il en eût été chassé. Elle se présenta : Alexandre Guillotin, avocat de Voreas, lui fut envoyé par ceux de la R. P. R. du comté de Venisse, qui le priaient de les venir secourir contre les officiers et les armes du pape, qui les pressaient. Il reçut avec joie cette proposition et alla fondre sur la ville de Malaussène qu'il prit et sur les troupes du pape qu'il mit en désordre. Fonquet de Tholon, Sainte-

Jaille et Rosset y étaient des principaux chefs. Le vice-légat recourut à Lamotte-Gondrin, qui entra dans le comté, assez fort par le nombre d'hommes, mais trop faible par leur peu de cœur et d'expérience, de sorte que dans presque toutes les occasions l'avantage demeura à Montbrun. Enfin la paix fut conclue avec lui par Forest-Blacons, Rivière-Sainte-Marie, Duport et la Roche. Les principaux articles regardèrent la sûreté de Montbrun et de ceux qui étaient dans son parti. Il leur fut permis de revenir chez eux et promis qu'ils ne seraient nullement recherchés pour les choses passées, pourvu qu'ils quittassent les armes, et qu'à l'avenir renonçant à leurs erreurs ils vécussent dans la religion catholique en laquelle ils étaient nés. S'ils voulaient préférer celle qu'ils avaient embrassée par le mépris de l'autre à leur patrie, à leur salut et à leur honneur, la liberté leur fut donnée de vider le royaume et l'espace d'une année pour vendre les biens qu'ils y possédaient.

(CHORIER, tome 2, livre 16.)

Ce fut en ce temps-là que le duc de Guise ôta la lieutenance du Dauphiné à Clermont, dont il était peu satisfait. Il lui imputait de s'être conduit avec trop de lenteur et d'indifférence dans l'affaire des protestants. Il lui était d'ailleurs suspect comme étant de la maison de Montmorency et comme parent de la duchesse de

Valentinois, qu'il mortifiait en cette occasion, pour complaire à Catherine de Médicis. Il donna sa charge à Gondrin, seigneur d'une grande réputation à la guerre et qui lui était entièrement dévoué. Toute la noblesse du Dauphiné fut indignée de ce choix, disant que l'on contrevenait aux droits et aux priviléges de la province en leur donnant un étranger pour commandant. Cependant l'ordre du roi fut publié à ce sujet............ (DE THOU, tom. 3, page 548.)

Noblesse.

Autrefois en Dauphiné elle s'acquérait par les fiefs, par les charges, par les reliefs ou lettres du prince. Les fiefs cessèrent d'anoblir sous le règne de Charles IX, en vertu des lettres-patentes du 8 mai 1562, qui excluent les petits fiefs de cette prérogative, et l'arrêt du conseil rendu pour cette province en forme de règlement en 1602, l'ôte aux grands, et par un règlement fait au conseil du roi, tenu à Lyon le 24 octobre 1639, pour les trois ordres de cette province on réduisit la noblesse des offices à ceux des présidents, conseillers et gens du roi du parlement, des présidents, auditeurs, maîtres des comptes et gens du roi de la chambre des comptes, et aux présidents, trésoriers et gens du roi du bureau des finances de cette province, il y a encore le privilége de ceux qui sont conseillers-secrétaires, maison couronne de France, que Louis XIII révoqua. Tous les établissements depuis trente par un édit du mois de novembre 1664, furent exceptés par un autre de décembre suivant. Il y eut deux arrêts au conseil du 21 février et 18 juillet 1646, concernant la noblesse du Dauphiné. Le premier soumet aux tailles les gentilshommes déchus, et l'autre défend aux gentilshommes et aux ecclésiastiques, de prendre des baux à ferme, à peine de dérogeance. Il y en eut un autre le 7 mars 1654, pour obliger les rétablis en leur noblesse de rapporter leurs titres à la forme du quatrième article du règlement de Lyon de 1639. Le parlement de Grenoble en fit un le 15 juillet 1661, qui décharge la noblesse possédant des fonds roturiers en Dauphiné, des surtaux et des ustensiles concernant les gens de guerre ; mais le conseil y a pourvu autrement par le sien du 28 janvier 1678, car il l'y soumet à la forme de l'article 17 du même règlement de Lyon de 1639. Le même parlement, par un autre arrêt du 7 septembre 1663, permet aux seigneurs hauts justiciers d'empêcher que les habitants de leur terres n'usurpent la qualité de nobles. Je ne dis rien de la poursuite qu'on a faite contre les usurpateurs de cette qualité en vertu de la déclaration du roi du 8 janvier 1661 et 16 juillet 1664, parce qu'elle a été générale par tout le royaume ; j'ai eu l'honneur d'avoir été employé en Dauphiné, et M. Dugué, alors intendant, me commit pour recevoir les titres et lui en faire le rapport; M. Chorier fut le procureur du roi, et la recherche fut faite à la requête de plusieurs préposés; ce fut alors que le roi, par des lettres-patentes du mois d'août 1664, révoqua toutes les lettres de noblesse accordées depuis le 1er janvier 1630, qu'il réduisit à la suite par un autre édit du mois de septembre de la même année 1664 au 1er janvier 1634, ce qu'il confirma par un autre édit du 21 décembre suivant.

. . . .

. . . .

La noblesse de cette province avait autrefois le privilége de nommer les lieutenants généraux au gouvernement de Dauphiné, après que le dauphin en avait nommé le gouverneur ; elle s'assemblait dans les états de sa propre autorité et ne contribuait à rien que lorsqu'elle le voulait. Le don gratuit qu'on accordait autrefois au roi avant que les tailles fussent forcées comme dans les autres provinces, dépendait absolument de son consentement, et d'abord qu'elle l'avait résolu, les ecclésiastiques et le tiers état n'y résistaient pas ; enfin elle était le mobile de tout. Cependant après que les tailles eurent été introduites en Dauphiné, le tiers état, qui en fut seul chargé, en murmura et prétendit que les autres ordres fussent de la partie; les autres y résistèrent, ce qui a causé de grands désordres parmi eux, qui n'ont été assoupis que par le règlement de Lyon de 1639.

La valeur de cette noblesse a toujours été connue, et lorsque quelques-uns de nos rois ont porté les armes en Italie, l'histoire nous apprend qu'elle a toujours tenu le premier rang, qu'elle a servi avec zèle, avec utilité et avec un grand courage, et qu'elle a toujours contribué au gain des batailles que ces princes ont gagnées, témoin celle de Fournoue, de Ravines, et de Marignan, et lors de celle de Pavie, il y avait plus de quatre cents gentilshommes dauphinois, dont quelques-uns périrent et quelques autres furent faits prisonniers.

L'empereur Charles-Quint voulant attaquer la France par le Dauphiné, quatre mille gentilshommes s'assemblèrent à Romans l'an 1519, pour le défendre. Dans une révision faite l'an 1529, on trouva dans le haut Viennois et dans la terre de la Tour, cinq cents maisons nobles; dans le bas Viennois, deux cent cinquante; dans le Graisivaudan, quatre cent seize; dans le Gapençais, quatre-vingt-sept; dans le Briançonnais, quinze; dans les Baronnies, cent; dans le Valentinois et le Diois, cent quatre-vingt-dix, faisant en tout mil cinq cent quatre-vingt-trois.

M. de Boissieu, dans son *Traité des fiefs*, chap. 46, dit que la noblesse en ce pays est exempte de toutes corvées et charges personnelles; dans le chap. 67, qu'elle et ses fermiers sont du droit de civerage, et Gui-Pape (quest. 41) qu'elle peut travailler en ses propres biens sans déroger.

Les Romains ont estimé la noblesse viennoise, et même ils en ont tiré quelques-uns de leurs consuls.

(*Dictionnaire du Dauphiné*, tom. 2.)

Transport du Dauphiné à la royale maison de France.

Le transport du Dauphiné à la royale maison de France fut premièrement fait le 23 avril 1343, par Humbert Dauphin, deuxième du nom, à Philippe, fils puîné du roi Philippe de Valois, et dans l'acte intervinrent pour le roi et pour le dauphin les ci-après nommés :

Pour le roi, Pierre, évêque de Clermont; Foulques, évêque de Paris; Raoul, comte d'Eu, connétable de France; Jean, vicomte de Melun; Miles de Noyers; Guillaume Flotte, seigneur de Revel, chancelier de France; Jean Richier, chevalier; Berenger de Moulant, archidiacre; de Lodève, conseiller du roi; Regnaud de Moulins, secrétaire du roi; Pierre de Verberie, secrétaire du roi.

Pour le Dauphin : Humbert, seigneur de Villars; Humbert de Chalay, seigneur de Tullins; Amblar, seigneur de Beaumont; Guigues de Morges, seigneur de l'Espine; Jacques Brunier, chancelier de Dauphiné; Jacques de Rivière, commandeur de Marseille, de l'ordre de Saint-Antoine; Jacquemet de Die, dit Lappe, conseiller du dauphin; Humbert Pilati, secrétaire du dauphin, reçut l'acte.

Cette cession n'eut pas lieu, et Humbert en fit une autre le 30 du mois de mars 1349, à Charles, fils aîné de Jean, duc de Normandie et petit-fils du roi Philippe de Valois, et à perpétuité aux fils aînés des rois de France, à la charge de porter le nom de dauphin et les armes de Dauphiné écartelées avec celles de France, ce qui fut fait à Romans, en présence de plusieurs prélats et seigneurs.

Le 16 juillet de la même année, le dauphin Humbert étant à Lyon se départit absolument de son état en faveur du prince Charles, entre les mains de Jean, duc de Normandie, son père, dans le couvent des prêcheurs.

Le 1er février 1350, le même dauphin Humbert ordonna par ses lettres-patentes à tous les gentilshommes de la province de reconnaître ce nouveau dauphin, et afin que personne n'y résistât, il donna des ordres particuliers aux plus qualifiés.

(*Dictionnaire du Dauphiné*, tome 2.)

Maison de M. Aurel.

C'est un des monuments les plus curieux de l'architecture du quinzième siècle. La façade est décorée de sculptures de fort bon goût, d'une grande quantité de figures en ronde bosse, de plusieurs statues grotesques et de quatre énormes têtes représentant les quatre vents. Les portraits et les statues sont entourées de légendes en écriture gothique. Les arceaux du rez-de-chaussée et les fenêtres du premier étage ont été mutilés, ainsi qu'une partie de la façade : c'est une perte pour l'histoire des beaux arts.

(*Essais historiques sur la ville de Valence*, p. 182.)

Ancienne administration de Valence.

L'évêque et les consuls exerçaient donc simultanément leur pouvoir dans la ville, non sans que du choc de leurs prétentions rivales ne jaillissent de fréquentes querelles; aussi les régents épiscopaux et les officiers de la commune vécurent-ils rarement en bonne intelligence. Le courrier et le bailli du prélat portaient des statuts règlementaires de police, auxquels les consuls ne se conformaient qu'avec beaucoup de répugnance. Parfois il arrivait que l'évêque accordait aux bourgeois le droit de porter les armes et tantôt leur en prohibait l'usage. Certes c'était l'acte le plus vexatoire qu'il pût commettre à leur égard, parce que les armes étaient aussi essentielles aux bourgeois francs des cités que pouvaient être la lance et l'écu aux hommes de guerre. Lorsque venait à s'ébranler le beffroi de la tour de Saint-Jean, à ce signal de péril couraient en armes sur la place publique les bourgeois, qui opposaient aux tentatives de leur évêque les forces d'une milice redoutable. La privation des armes devait donc emporter l'abolissement de la commune.

Lorsque les juges de l'évêque franchissaient les limites de leurs attributions, le dernier recours des consuls était de se pourvoir par-devant le parlement de Grenoble. En 1500 le courrier de l'évêque, assisté d'un greffier et du geolier, s'était introduit pendant la nuit dans la maison de Charles Leterrier, dit le Picard, et là, l'ayant saisi, il le jeta dans les prisons du prélat en le maltraitant. Les consuls se plaignirent au parlement que les priviléges de la ville avaient été violés en la personne de Leterrier. Le parlement rendit un arrêt qui condamna le greffier à cent livres d'amende, le courrier et le geolier chacun à dix livres, avec dommages et intérêts envers la partie lésée et les consuls.

Dans les cérémonies publiques le rang que devaient occuper les magistrats municipaux leur était fréquemment contesté par des fonctionnaires jaloux ou des compagnies rivales. De là les inimitiés puériles qui divisaient ces hommes graves, et qui fomentaient entre eux de longs et sérieux débats. A l'occasion d'une fête publique, M. de Genas, lieutenant de roi, manda venir à son hôtel les consuls pour l'accompagner honorablement au lieu où devait être allumé un feu de joie. Ceux-ci, croyant déroger à leur dignité, refusèrent d'accéder à une demande qui leur paraissait injurieuse. Les hommes de guerre dont était extrême l'insolence, s'emportaient envers eux en graves insultes ; mais de promptes réparations vengeaient aussitôt l'honneur outragé des consuls. Ils n'ont pas omis de consigner dans leurs registres l'insulte et la réparation, non sans quelque vanité.

Du Rochay, lieutenant garçon-major de la Gervesais, ayant frappé à coups de canne un des consuls dans l'exercice de ses fonctions, la communauté contraignit l'agresseur de faire en pleine assemblée au consul offensé d'humbles soumissions, avec prière d'agréer son sincère repentir.

Le second consul Baron ayant été gravement insulté par deux officiers du régiment de Montmorency, les consuls irrités se réunirent pour aviser aux moyens de laver l'outrage fait à la communauté dans la personne de l'un de ses représentants. Il fut décidé qu'il serait dressé plusieurs plaintes que l'on enverrait au duc d'Orléans, au ministre de la guerre, au commandant et intendant de la province et au gouverneur de la ville; une si juste requête obtint une prompte et entière satisfaction. Les officiers demandèrent pardon, et la ville ne voulut bien les recevoir en grâce que sur les instantes prières de l'évêque.

Les registres manuscrits dans lesquels sont puisés ces détails offrent beaucoup d'autres exemples de même nature. De la part des hommes de guerre toujours la même licence; car ils conservaient encore cette arrogance de l'épée, dont cependant la chûte du régime féodal avait insensiblement ruiné le prestige; de la part des gens du tiers état et de ses représentants toujours la même énergie à repousser l'agression, mais énergie qui ne s'exerçait plus que dans les petites choses parce que la lutte avait changé de face: le peuple et la communauté avaient cessé d'être mis en action, la lutte ne s'engageait plus qu'entre les individus.

Aux consuls était encore commis le soin de recevoir les rois de France, les princes et les gouverneurs du Dauphiné à leur passage à Valence. Ils leur offraient, suivant l'usage, les présents qu'ils estimaient les plus honorables, tels que des vins d'honneur, du gibier, des légumes primeurs, et surtout de longues et belles harangues.

Charles VIII devant passer à Valence, la communauté délibéra qu'il lui serait offert une tasse d'argent de la valeur de quinze écus, contenant huit pièces d'or aux armes du Dauphiné, chacune de la valeur de vingt écus. La délibération consignée dans les registres municipaux adresse au joaillier la naïve injonction d'aviser à ce que la tasse fût très-petite, afin que les pièces fussent plus apparentes.

Louis XII et la reine étant entrés à Valence avec une nombreuse suite et plus de 10,000 chevaux, y furent reçus avec toute la pompe convenable à leur rang. Le roi toucha un grand nombre de malades affligés d'écrouelles ; mais il n'est point conté que cette opération ait conservé dans cette circonstance son antique et miraculeuse efficacité. La reine fut ensuite conduite à Lyon aux frais de la ville, et pour lui en témoigner sa reconnaissance cette princesse lui fit un don de vingt muids de sel.

François Ier et la régente entrant à Valence furent honorablement harangués sur le chemin d'Étoile, par Antoine Dorne, docteur en droit. La ville fit don à la régente de deux médailles d'or de la valeur de cent écus d'or, pour qu'elle influençât l'esprit du roi en faveur de ses intérêts.

En 1489 le marquis et la marquise de Saluces, ayant séjourné à Valence, la communauté loua douze lits qu'elle leur offrit, leur fit don de deux douzaines de flambeaux de cire fort rares alors, d'une douzaine de boîtes de dragées et de deux tonneaux de vins, l'un blanc et l'autre clairet.

Les consuls présentèrent au marquis de Dumenil, lieutenant et commandant de la province, du vin d'honneur et une paire de pistolets de la valeur de 800 livres. On fit couler en son honneur des fontaines de vin pour le peuple.

La ville fit également présent au comte de Clermont-Tonnerre, lieutenant général de la province, d'un fusil à deux coups, de six cents livres.

Lorsque un prince devait faire son entrée dans la ville, tout le corps de la communauté, les syndics et les consuls, l'université et la milice municipale allaient le recevoir hors des murs en belle et noble ordonnance. Le recteur de l'université, revêtu de sa robe noire fourrée d'hermine, le bonnet carré en tête, précédé de ses bedeaux avec leurs masses d'argent doré, était au premier rang; après lui marchaient le chancelier et les professeurs, tous avec leurs costumes; enfin les pédagogues de la ville aussi en robes.

Les consuls avec les insignes de leurs charges, entourés de leurs sergents, présentaient les clés de la ville sur un bassin d'argent, le plus révérencieusement qu'il était en leur pouvoir, récitant aussi de bien humbles et courtes harangues en langue française, car les longues et doctes oraisons étaient proférées par les membres de l'université, savants et beaux esprits. Les plus suffisants, comme s'expriment les récits contemporains, récitaient des éloges en vers, des discours en grec, en hébreu, en chaldéen, en syriaque, en anglais, en allemand; plus était éminente la dignité de l'homme objet des hommages publics, plus étaient nombreux et de langages divers les discours qu'on lui adressait. L'orateur par là se faisait honneur auprès de ses concitoyens, qui admiraient avec une foi implicite le beau parler qu'il ne leur était pas donné de comprendre. « C'était chose beaucoup plus plaisante » à ouïr et à voir, disent les registres manuscrits, » qu'on ne saurait pas dire. » Enfin les soldats de la ville, revêtus de morions et de corcelets, maintenaient le bon ordre, ouvraient et fermaient la joyeuse entrée et faisaient de beaux saluts d'arquebusade. L'honneur de ces fêtes, toujours fort onéreuses au corps des citoyens, appartenait tout entier aux consuls, qui dans ces circonstances se montraient jaloux de leurs fonctions..................................

(*Essais historiques sur Valence*, page 82.)

Adrets.

Les Adrets est une paroisse du mandement de Theys, dans le diocèse et section de Grenoble, et au bailliage de Graisivaudan, laquelle est composée de huit feux, un tiers vingt-quatrième et quatre-vingt-seizième. Son église est dédiée à saint André, de la nomination du prieur de Champ; ce nom a été rendu fameux par François de Beaumont, qui se disait baron des Adrets, et dont les cruautés, lors des guerres civiles du dernier siècle, remplissent toutes nos histoires.

(*Dictionnaire du Dauphiné*, tome 1.)

Le Mont-Ventoux.

Le Mont-Ventoux, qui se trouve à l'extrémité méridionale du département, où il s'élève avec majesté et domine toutes les montagnes des environs, appartient plus particulièrement au département de Vaucluse, qu'il sépare des cantons du Buis et de Séderon. Sa plus grande élévation est de 2,021 mètres au-dessus du niveau de la mer. Il se prolonge par une pente assez douce du côté de Vaucluse; mais au nord il est très-escarpé sur beaucoup de points. Il s'étend de l'est à l'ouest depuis Montbrun jusqu'à Caromb; sa largeur est d'environ deux lieues du nord au sud. On voit au sommet une chapelle où vont chaque année, dans la belle saison, de religieux campagnards, de jeunes amoureux et quelques naturalistes. On y trouve quelques plantes rares mais en petit nombre, parce que le sommet en est pelé, et que les endroits où il pourrait y en avoir sont pendant la belle saison couverts de troupeaux destructeurs.

Dans quelques parties de ces montagnes on trouve des forêts de sapins et de hêtres d'assez belle venue; le reste sert de pâturage, soit aux bestiaux qui s'élèvent dans le pays, soit aux troupeaux de Provence. C'est là et dans les montagnes de l'Isère et des Hautes-Alpes que se rendent annuellement des milliers de bêtes à laine, qui quittent les plaines de la Crau, près d'Arles, au moment où la chaleur du climat et la sécheresse du sol les fatigueraient et les empêcheraient de s'y nourir.

Ces troupeaux, qu'on nomme *transhumants*, sont conduits par des *bailes*, espèce d'hommes de confiance des propriétaires. C'est ordinairement au mois de mai et après la tonte que partent ces sortes de caravanes. Les bailes se mettent en marche avec des ânes chargés de provisions, et un nombre de pâtres proportionné à l'importance des troupeaux. En arrivant dans les communes, ils achètent des municipalités la permission de faire paître leur bestiaux, et demandent qu'on envoie jusqu'à l'extrémité du territoire des experts pour estimer les dégats. Cette évaluation se fait toujours à l'amiable et sans contestation. Ils arrivent de cette manière sur les montagnes, et là, ces hommes simples et grossiers, dont la principale nourriture est le lait de leurs brebis, logent sous des tentes et ignorent les évènements dont on se repait avec tant de curiosité dans les villes : on dirait des Arabes transplantés au midi de l'Europe. Ils regagnent la Provence au retour des frimas, et paient aux propriétaires 20 ou 25 centimes par bête, pour la saison.

A l'ouest de la chaîne principale des montagnes du département sont d'autres montagnes qui n'ont rien de remarquable. Leur hauteur moyenne est de 400 mètres au-dessus du niveau de la Méditerranée.

C'est sur les plus hautes qu'il faut aller pour jouir de l'un des plus beaux spectacles de la nature. Tout y élève l'ame, parce que tout y est grand, varié, majestueux. Pétrarque monta sur le sommet du Mont-Ventoux vers le milieu du quatorzième siècle, et il en parle ainsi dans une de ses lettres : « Jamais ta-
» bleau plus sublime ne frappa mes regards : je voyais

» les monts à travers lesquels Annibal s'ouvrit un
» passage ; je distinguais ceux du Lyonnais ; le Rhône
» coulait sous mes yeux ; j'apercevais la mer dans
» un immense lointain ; les nuages étaient sous mes
» pieds, et tout ce dont j'étais témoin me rendait
» moins incroyables les récits merveilleux du Mont-
» Athos et de l'Olympe. »....................

(*Statistique du département de la Drôme*, p. 183.)

Montbrun.

Montbrun (*castrum Montis-Bruni*). Le bourg de Montbrun est à 20 kilomètres nord de Sault, département de Vaucluse, 33 sud-est du Buis, 10 sud-ouest de Séderon, et 65 sud-est de Nyons. Il est bâti en amphithéâtre sur une colline entourée de montagnes. Il s'y tient trois foires par an, et la population est de 1446 individus. Au bas et au midi du bourg est un vallon assez fertile.

Le territoire est baigné par quelques torrents qui occasionnent beaucoup de dommages en hiver et se dessèchent en été. Un seul ruisseau arrose habituellement les terres qui le bordent. Quelques sources servent en outre à l'irrigation particulière des terrains où elles jaillissent ; mais en général, cette commune, d'un sol nerveux et propre à la végétation, souffre des sécheresses de l'été. Ses productions sont les céréales, l'huile d'olive et de noix, le vin et les fourrages ; la principale est le blé.

On y voit des carrières d'un plâtre renommé par sa blancheur et sa solidité, dont on tire un parti très-utile pour l'engrais des terres. Près de ces carrières coule une source abondante d'eau minérale.

Montbrun est fort ancien. Ce fut un des premiers marquisats créés en Dauphiné. Il prit une grande part aux troubles religieux du seizième siècle. Dévoué au parti protestant, dont son seigneur du Puy-Montbrun était un des principaux chefs, il lui fournit de nombreux soldats avec lesquels il assiéga et prit beaucoup de places et soutint à son tour plusieurs siéges dans le château de Montbrun, alors fortifié.

Ce château est encore remarquable malgré son dépérissement journalier. Il est si vaste, que du temps de du Puy-Montbrun, qui vivait avec une magnificence royale, on y logeait jusqu'à cent maîtres outre vingt pages, ses commensaux ; deux cents chevaux étaient entretenus dans ses écuries. Cet édifice est sur le roc du côté du nord et soutenu dans la façade du midi par des terrasses, qui, si elles venaient à s'ébouler, écraseraient la moitié du bourg. L'architecture est un mélange de gothique et de toscan. Des peintures à fresque d'un très-bon goût et d'un style parfait, au jugement des connaisseurs, décoraient les plafonds et les murs de plusieurs appartements.

Les ressoures particulières de du Puy-Montbrun ne suffisant point pour avoir état de prince et entretenir le nombre considérable d'hommes d'armes qu'il avait toujours à son service, il y suppléait en faisant une guerre de flibustiers, et en mettant à contribution les pays voisins. Il se présenta, dans une de ses incursions, aux portes de la petite ville de Sault ; elles lui furent refusées, et comme il était devenu la terreur des environs, l'alarme fut grande dans la place ; tous les hommes valides sortirent pour le combattre et fondirent avec fureur sur les soldats de Montbrun. Ceux-ci, feignant de prendre la fuite, se retirèrent dans un bois voisin ; les habitants de Sault les ayant poursuivis, tombèrent dans une embuscade où Montbrun les attendait ; il les fit tailler en pièces et il n'échappa qu'un seul de ces malheureux qui alla se cacher sous la voûte du moulin. La ville de Sault fut livrée au pillage, et si l'on en croit la tradition, on enleva jusqu'à la cloche de l'église, qui fut transportée dans le bourg de Montbrun. C'est en mémoire de cette sanglante défaite que depuis lors on chante tous les ans dans l'église de Sault, le jour de l'ascension, vêpres des morts, après les vêpres solennels.

On voit dans la plaine au-dessous de Montbrun

les ruines d'un monastère fondé par les templiers, qui passa, lors de la suppression de l'ordre, à des bénédictins de l'abbaye de Villeneuve-lez-Avignon.

(*Statistique du département de la Drôme*, p. 549.)

Mens.

Mens est un bourg qui fait le principal lieu de la contrée de Trièves. Néron le fit bâtir et y établit un marché ; c'est pour cela qu'on l'appelle *forum Neronis*, dans les anciens actes ; il est dans le diocèse de Die, au bailliage de Graisivaudan et en l'élection de Grenoble. Tout y est de la religion prétendue réformée, et on n'y trouve qu'une église servie par un curé et respectée par les habitants ; ceux qui demeurent aux environs et qui dépendent de la même paroisse étant tous catholiques, il y a toujours beaucoup de monde lorsqu'on y dit la messe. Elle est dédiée à Notre-Dame, de la nomination du chapitre de Die ; le temple des protestants y est proprement bâti.

(*Dictionnaire du Dauphiné*, tome 2.)

Le Trièves.

Le Trièves, dont la principauté de Royans occupait une partie, s'appelait jadis la *vallée chevaleureuse*. Les gentilshommes de ce pays étaient en grand renom de loyauté, de fierté et de bravoure; ils ne voulurent jamais se soumettre à la coutume féodale qui obligeait les hommes-liges à servir leur souverain à la guerre. Ils eurent la délicatesse fort singulière de regarder cet usage, alors universellement pratiqué par leurs égaux, comme une espèce de domesticité indigne d'eux; on fit droit aux réclamations de leur altière susceptibilité, et ils obtinrent le privilége de figurer pour leur propre compte, comme les hauts barons, sur les champs de bataille.

Ce n'est donc pas dans cette contrée, où les vassaux forçaient les suzerains à leur faire de pareilles concessions, qu'à pu prendre naissance cette vieille maxime usitée en Dauphiné : *Un seigneur de beurre mange un vassal d'acier.*

Mais bientôt, les possessions que les princes de Royans avaient dans le Trièves passèrent des mains d'un chanoine, cadet de la famille des Bérenger, dans celles de l'évêque de Die (1109), et les princes de Royans ne purent jamais en recouvrer qu'une faible partie; encore ce ne put être qu'à titre de vassaux de l'église (1221).............................

(*Album du Dauphiné*, 2ᵉ année, page 66.)

Premier traité avec Montbrun.

Les autres conditions du traité furent que les troupes seraient licenciées de part et d'autre et que Montbrun pourrait demeurer dans sa maison durant un mois, avec tel nombre d'hommes qu'il voudrait, pour donner ordre à ses affaires. Ce fut après qu'il eut déclaré qu'ayant le choix de ces deux alternatives, il croyait qu'il était plus honnête de se défaire de ses biens que de sa nouvelle créance, et de vivre paisiblement dans sa terre. L'on prend plus facilement les armes qu'on ne les quitte. Montbrun se plaignit, peu de jours après, qu'on n'observait point ce qu'on lui avait promis, que l'on dépouillait ses soldats qui se retiraient, que l'on en avait fait mourir plusieurs, et accusa les gens de guerre catholiques d'être les auteurs de cette infraction par de mauvais conseils. La paix entre des ennemis que l'opiniâtreté de leur imagination plutôt que nul intérêt insensible a animés est souvent une secrète mais cruelle guerre. Lamothe-Gondrin ne le satisfit pas, et ses menaces le portèrent du chagrin à la colère. Il rassemble ses troupes pour n'être pas accablé sans résistance, après qu'il eut vu qu'on en avait jeté dans Vaupierre, dans Serre et dans le prieuré de Grave. La garnison de Vaupierre l'incommodait; il l'attaqua suivi de deux cents hommes seulement, et força la place en plein jour. Les soldats eurent quartier; mais pour les prêtres qu'ils y trouvèrent, il n'y eut point de pitié pour eux. En répandant leur sang il vengeait celui des siens qui avaient été égorgés, à ce qu'il disait, contre la foi donnée. Il s'assura de quelques autres lieux des environs, où il traita les ecclésiastiques avec la même rigueur; on ne manqua pas de lui imputer la rupture dont il se plaignait; le blâme d'avoir rompu un traité est presque inévitable à qui refuse d'en souffrir l'infraction sans murmurer; alors résister à la violence c'est l'avoir faite.

(CHORIER, tom. 2, p. 547.)

Première guerre civile.

La contrariété de ces édits fit naître en apparence la première guerre civile; mais ce fut en effet la reine qui l'alluma. Elle envoya au baron des Adrets ordre de brouiller en cette province, et des commissions pour lever des troupes et pour se mettre à la tête des huguenots. Ce nom était devenu propre à ce parti et nous nous en servirons comme d'un terme non injurieux mais plus expressif de la chose que nul autre. Le dessein d'injurier ne doit pas tomber dans l'esprit de l'historien ; il n'est qu'un imposteur s'il n'est exempt de toute passion. Cette princesse, qui n'avait pas dans les mains les rênes de l'état aussi absolument qu'elle le souhaitait, se plaignait quelquefois qu'elle n'agissait pas librement et que le roi était comme captif dans sa cour. Le duc de Guise, chef du triumvirat, paraissait à ses yeux comme un sujet qui aspirait au trône et qui prêt à s'y jeter était sur la première marche..................................

(CHORIER, tom. 2, page 555.)

Des Adrets usurpa dès lors l'autorité que Lamothe-Gondrin avait eue. Changy avait mérité son estime par son zèle envers la nouvelle religion et par son courage en la défense des huguenots contre les catholiques. Il le pourvut du gouvernement du comté du Valentinois sous le titre de lieutenant de roi. Pour lui, il en prit un qui répondait à sa vanité et déclarait le prétexte de sa révolte et de celle du prince. Ce fut celui de François de Beaumont, seigneur des Adrets, gentilhomme ordinaire de la chambre du roi, colonel des légions du Dauphiné, Provence, Lyonnais et Auvergne, élu général et chef des compagnies assemblées pour le service de Dieu, la délivrance du roi et de la reine sa mère, et conservation de leur état ès dits pays. Il avait fait la guerre avec Lamothe-Gondrin en Italie, sous le maréchal de Brissac, et savait combien il était homme de cœur. C'est pourquoi s'il ne contribua pas à sa mort par le commandement, du moins il n'eut pas soin, par cette considération, de lui sauver la vie. Il n'avait pas l'ame assez dégagée du sang, pour ne verser pas avec plaisir celui d'un tel ennemi.

Il était hardi, vaillant et expérimenté capitaine, vigilant et infatigable, sévère aux soldats qui contrevenaient à ses ordres et libéral jusques à la profusion à ceux qui faisaient dignement leur devoir; aussi, quelques occasions qu'il ait eues d'amasser de grandes richesses pendant que cette province et toutes les provinces voisines furent la proie de ses troupes, il les négligea toutes. En effet, il sortit de ce commandement souverain aussi pauvre qu'il y était entré. Mais il était cruel et sanguinaire : on aurait dit qu'il n'aimait la victoire que par ce qu'elle a d'horrible et d'effroyable et non par ce qu'elle a de glorieux et d'utile. Ce fut ce qui ternit l'éclat de tant de vertus. Tout ce qu'il y avait de jeunesse déterminée, inquiète et libertine dans le Dauphiné, accourut à lui après la mort de Gondrin et la prise de Valence. De sorte que

comme un torrent impétueux il laissa bientôt partout où il trouva de la résistance des marques de sa fureur.
....

(CHORIER, tom. 2, page 557.)

Abbaye de Malgouvert.

Un pays si abondant en vin n'a pas produit un peuple ennemi de Bacchus. Nous avons encore assez de marques des devoirs pleins de libertinage et de débauche que le Dauphiné idolâtre lui a rendus. Nos pères ont vu dans Vienne des statues de Silène, couchées et couronnées de ceps et de pampres, jugées dignes d'être portées à Fontainebleau, par les ordres de la reine Catherine de Médicis. Mais les débordements licencieux du carnaval, du charivari et de l'abbaye de Malgouvert, dans toutes les villes de ce pays, nous sont des preuves convaincantes des honneurs qu'il a eus.

(CHORIER, tome 1, page 238.)

....Et pour lever tout sujet de contestation et de désordre qui pourrait survenir en certains cas dépendant de l'abbaye de Malgouvert, déclarent que ceux de ladite religion ne seront compris ès cas ès quels on a accoutumé faire le charivari, qui est très expressement défendu sur les peines portées par les édits....

Et d'autant que les débauches usitées par l'abbaye de Malgouvert et charivari pourraient apporter quelque occasion de tumulte qui troublerait le repos public, ordonnons, jusqu'à ce que autrement soit ordonné par sa majesté, que lesdits abbaye et charivari cesseront; et quant aux bals, il n'y a lieu de les prohiber ès maisons privées, à la charge que la modestie y sera gardée en sorte qu'il ne s'en ensuive aucun scandale, duquel les propriétaires d'icelles maisons seront responsables.

(*Extrait d'un manuscrit contenant procès-verbal de ce qui s'est passé en Dauphiné, pour mettre à exécution l'édit de Nantes.*)

Pierrelatte.

On ne sait rien de précis sur l'origine de Pierrelatte, si ce n'est que cette ville a fait partie de la petite république des Tricastins, dont Saint-Paul-trois-Châteaux, distant de 5 kilomètres, était la capitale.

On explique son nom latin de *petra lata*, par pierre apportée, à cause du rocher au pied duquel la ville est bâtie. Il eut été tout aussi simple de traduire *petra lata*, par pierre large, sans un conte populaire qui veut que le rocher n'ait pas toujours occupé cette place. Il se trouve seul au milieu du bassin de Donzère et de Mont-Dragon, à plus d'une lieue de toutes les montagnes. Comme il est de nature calcaire, et que les montagnes dont il est le plus rapproché sont celles de l'Ardèche, l'auteur de la *Minéralogie du Dauphiné*, M. Guettard croit qu'il faisait partie de cette chaîne dont les montagnes intermédiaires ont été détruites par les eaux, ce qui a couvert toutes ces plaines de sable et de galets.

Il y a eu pendant très-long-temps un château fort au sommet de ce rocher. Des Adrets allant, en 1562, s'opposer aux succès des catholiques en Provence, fut arrêté devant Pierrelatte. Le château, dont il fit le siége et où commandait le comte de Suze, se rendit par capitulation après une vigoureuse résistance. Mais des Adrets, contre la foi des traités, fit précipiter du haut des murs la garnison tout entière et passer les habitants au fil de l'épée. Ces spectacles d'horreur étaient les plus agréables passe-temps de ce cruel baron.

Il y avait autrefois à Pierrelatte un établissement fort singulier : les jeunes gens choisissaient annuellement parmi eux, avec l'assistance du curé, un chef qu'on appelait l'abbé de la jeunesse. Cette société jouissait de plusieurs fonds de terre, dont elle employait le produit à des prières, à des travaux d'utilité publique et à des divertissements. Ces fonds avaient été donnés par une vieille fille, nommé Soubeyran, qui vivait dans le douzième siècle. Elle avait institué l'abbé de la jeunesse son héritier universel, à condition que la société ferait acquitter un certain nombre de messes pour le repos de son ame, et que rassemblés sous le drapeau de la compagnie, les jeunes gens de Pierrelatte iraient tous les ans sur son tombeau le dimanche de brandons, amenant autant de filles qu'ils pourraient, ayant à la main un petit cierge rouge allumé, pour y faire la farandole en chantant : *Requinquez-vous belles ! Requinquez-vous donc !* Un des jeunes gens portait un romarin orné de rubans. On se rendait ensuite sur la place publique, où l'on brûlait, toujours en chantant, ce romarin après l'avoir arrosé de trois verres de vin. La société a été dissoute par arrêt du parlement et ses biens ont été réunis à l'hôpital..

(*Statistique du département de la Drôme*, p. 585.)

Saint-Marcellin.

Saint-Marcellin est le plus beau bourg de la province et passe même pour une ville, étant fermé, y ayant un gouverneur nommé par le roi et un bailliage. Il est du diocèse de Vienne et de l'élection de Romans. L'an 1343 le dauphin Humbert II accorda aux habitants plusieurs franchises, particulièrement celles de péages et autres droits, ne se réservant que la pêche. Les commissaires pour l'aliénation du domaine en cette province leur permirent, moyennant deux cents écus d'or pesant soixante quatre au marc de Paris, d'imposer pour la construction et réparation de leurs murailles, chemins, fontaines et pour leur entretien à perpétuité, certains tributs, savoir : sur chaque charge de vin qui se vend en détail dans le mandement, quatre pintes ; sur chaque bête chargée de marchandises, passant par la ville et son mandement, ou bête portant bât, un denier tournois ; sur chaque bête à vendre, soit cheval, mulet, bœuf, vache, âne, brebis, pourceau, chèvre et veau, un denier ; sur chaque marchandise excédant cinq sols qu'on sort de la ville vendue à des étrangers, un denier. Son église est dédiée à Saint-Marcellin de la collation de l'abbé de Saint-Antoine; ce fut ici où le dauphin Humbert II établit premièrement son conseil delphinal en 1337; c'est aujourd'hui le parlement qui est à Grenoble; il l'ôta de ce lieu-ci pour le mettre à Beauvoir, mais il y établit la cour majeure de la judicature du Viennois et la cour principale des appellations de tout le Dauphiné; ce fut en 1343, trois ans après qu'il eût mis ce conseil souverain à Grenoble; il y a aussi un couvent de carmes, un autre de recollets et un monastère de filles de Sainte-Ursule.

(*Dictionnaire du Dauphiné*, tome 2.)

Prise de Saint-Marcellin par des Adrets.

De là Maugiron alla à Saint-Marcellin, où il avait gagné les habitants par les intrigues de Charles de la Combe-Maloc, procureur du roi au bailliage. Ce fut avec des témoignages de beaucoup de joie de la part des habitants qu'il y entra. Mais ceux de Romans ne furent pas aussi faciles; ils refusèrent de lui ouvrir leurs portes et de le reconnaître pour gouverneur de la province. Cependant des Adrets s'avançait à grandes journées, rien n'était égal à sa diligence. Maugiron, quoique plus faible, résolut de l'arrêter devant Saint-

Marcellin pour sauver Grenoble. Il fortifia cette place autant que le temps et la situation permettaient, et en condamna toutes les portes qu'il fit murer à la réserve d'une. Mais l'évènement apprit qu'il n'en avait pas ainsi fermé l'entrée aux soldats ennemis, mais défendu la sortie aux siens pour leur malheur. L'armée de des Adrets était d'environ douze mille hommes tous aguerris, et Maugiron n'en avait pas quinze cents. Après qu'il y eut bien pensé il crut qu'il devait céder au temps, qu'il ne devait rien hasarder. En effet, en se perdant il perdait les affaires du roi dans la province. Des Adrets bloqua la ville le vingt-quatre du mois de juin, qui était le jour de la fête de saint Jean-Baptiste, et Maugiron y ayant laissé trois cents hommes en sortit la nuit avec le reste de ses gens. Il promit à cette garnison qu'il ne tarderait pas à la venir secourir; mais le lendemain, après un long combat elle fut forcée, et des Adrets entra dans la ville l'épée à la main, et la remplit de carnage et d'horreur. Il y donna toute la liberté à la cruauté et à l'avarice des soldats. La plupart de ceux de Maugiron furent tués à coup d'épée, le reste fut jeté d'une tour en bas. Ce spectacle était aux yeux de des Adrets un des plus doux divertissements. Charles de la Combe, procureur du roi, qu'il accusa de l'avoir trahi et d'être un séditieux, fut envoyé au supplice. Il le fit mourir d'une mort ignominieuse, mais la fidélité d'un bon sujet envers son roi et son zèle à sa religion changent pour lui la honte en gloire et honorent l'infamie............................

(Chorier, tom. 2, p. 565.)

Entrée de Henri III en France.

De Grenoble le duc alla au-devant du roi : c'était Henri III, qui arriva au Pont-de-Beauvoisin le 4 du mois de septembre. Les états du pays lui rendirent, par Chastellar d'Eydoches, leur député, leurs soumissions, et Gordes s'y trouva aussi avec Gaspard de Gordes, son fils, et grand nombre de gentilshommes du gouvernement. Montbrun, qui avait perdu tout respect, donna sur le bagage du roi qui suivait, et le pilla. Ce ne fut pas tant avarice que bravoure; aussi il répondit seulement à ce qui lui fut reproché qu'il semblait avoir oublié qu'il était né sujet, que les armes et le jeu égalaient les hommes.

Le roi n'en eut pas alors d'autre satisfaction, mais il en garda un vif ressentiment. Peu de jours après son arrivée à Lyon, il y tint un grand conseil de guerre, où tout ce qu'il y avait de grands auprès de lui furent appelés : le duc de Savoie et de Gordes y assistèrent; la continuation de la guerre contre Montbrun en fut le sujet............... (Chorier, tome 2, page 663.)

Pont-de-Beauvoisin.

Pont-de-Beauvoisin est un mandement du diocèse de Belley, du bailliage et de l'élection de Vienne, dont le bourg fait trois feux et les forestiers cinq feux trois quarts. Le bourg est divisé par la rivière du Guiers, et la partie au-delà du pont appartient au duc de Savoie. Le pont qui en fait la communication leur a donné le nom de Pont, mais il est tout au roi, les armoiries de France étant même du côté de la Savoie.

L'eau du Guiers est commune aux Dauphins et aux Savoisiens pour la pêche et autres usages, suivant le rapport de François Marc, 2e part., décis. 345. Dans l'*Itinéraire* d'Antonien, le Pont-de-Beauvoisin y est nommé *Labisco* ; il était dans le chemin de l'Italie à Vienne par les Alpes grecques. Ce fut par là que Pompée entra dans le Dauphiné pour aller en Espagne. Il y a un couvent de carmes, dont Jacques de Clermont et Jeanne de Poitiers sa femme furent les restaurateurs ; par leur testament du 7 juin 1491, ils lui léguèrent trois cents florins, un calice où étaient leurs armes et une cloche. Ils y sont enterrés, et on lit sur leur tombeau : *In sola misericordia Dei spero salutem.* Il y a aussi un prieuré.

(*Dictionnaire du Dauphiné*, tom. 2.)

Graisivaudan.

Le Graisivaudan contient tout ce pays qui est depuis la ville de Grenoble jusqu'en Savoie. Les princes qui ont porté le nom de Dauphins ne se qualifiaient auparavant que comtes de Graisivaudan. On y voit cette belle vallée qui, pour être toujours cultivée, remplie de plusieurs sortes d'arbres plantés en lignes égales, cotoyée d'agréables coteaux remplis de vignes et de bocages, et traversée par l'Isère qui, par son canal inégal et serpentant, fait un objet charmant, a été appelée le plus beau jardin de France par le roi Louis XII, qui ne pouvait se lasser de la considérer et de l'admirer. Là paraissent de belles maisons, de forts châteaux et grand nombre de tours; là, de tout temps, a existé la première noblesse de cette province, parlant après des historiens de ce pays. Les Maures le trouvèrent rempli de tant de délices, que ce fut le dernier qu'ils abandonnèrent. L'évêque de Grenoble et les comtes de Graisivaudan se le disputèrent long-temps, mais les comtes l'emportèrent par leur autorité et réduisirent l'évêque à se contenter de sa ville épiscopale. De savants hommes ont cru qu'il tire son nom de ce qu'il a été le chemin des Grecs à la descente des Alpes pour pénétrer dans les Gaules. Les Tricolores ont été ceux qui l'ont habité anciennement. Le bailliage qui a son siége dans Grenoble porte le nom de Graisivaudan; quelques-uns ont cru que Graisivaudan est un nom corrompu de Grenoble, et que cette ville le lui a donné, comme on dit : l'Angoumois, d'Angoulême; le Nivernois, de Nevers; le Valentinois, de Valence; le Viennois, de Vienne; et ainsi des autres villes qui sont les capitales des contrées où elles sont situées. Il y avait autrefois des bois considérables dans plusieurs mandements de ce petit état, mais on s'est donné si souvent la liberté de les dégrader, que le parlement de Grenoble a été obligé de le défendre par plusieurs arrêts, entre autres du 7 et 10 septembre 1655, et par celui du 8 avril 1656 il ordonne aux officiers de rapporter au greffe la description de leurs bois. Bien que le bailliage soit qualifié de Graisivaudan, il s'étend pourtant en d'autres communautés que celles du Graisivaudan, car il pénètre bien avant du côté du Gapençois, et comprend les pays de Trièves, d'Oisans, de la Mure, de Vizille, de Corps, et celui qui depuis Grenoble va jusqu'au diocèse de Vienne. Cependant il est certain que le véritable Graisivaudan est celui que les Tricolores occupaient et que l'Isère traverse. Il y a plusieurs paroisses de part et d'autre.

(*Dictionnaire du Dauphiné*, tome 1.)

Isère.

L'Isère est la Tisère de Ptolémée et le Scoras de Polybe ; Munatius Plancus l'appelle un fort grand fleuve sur la frontière des Allobroges ; cependant ce n'est qu'une rivière qui prend sa source en la paroisse de Teigue, sur la montagne de la Tareutaise en Savoie, qui passe auprès de Montmeillan, et après avoir serpenté l'agréable vallée de Graisivaudan, vient séparer la ville de Grenoble d'avec les faubourgs de Saint-Laurent et de la Perrière. De là elle va se rendre à Romans, puis dans le Rhône auprès de la roche de Glun. Pline la met parmi les torrents, et il a raison, car, bien qu'elle porte bateau, néanmoins elle est si rapide qu'elle entraîne toujours certain sable noir qui lui donne sa couleur, et ses eaux la conservent plus de demi-lieue dans le Rhône même. J'ai parlé de ses inondations sous ce mot.

(*Dictionnaire du Dauphiné*, tome 1.)

Merveilles du Dauphiné.

Il y en a sept; M. de Boissieu les a décrites en un ouvrage qu'il a fait imprimer en 1656, qu'il a dédié à la reine Christine de Suède et qu'il lui présenta en personne lorsqu'elle passa à Valence pour aller à la cour de France. Il l'a intitulé : *Septem miracula Delphinatus*, divisé en silves composées en vers latins héroïques, avec des préfaces en prose au commencement de chacune en la même langue.

La première est la *Fontaine qui brûle*, qu'il nomme *Pyrocrène, sive fons ardens in agro gratianopolitano :*

Fœdere qui socias inito vomit ignibus undas.

La deuxième est la *Tour sans venin*, qu'il qualifie *Medea, sive turris expers veneni :*

Nulla venena latent, res visu mira, sed usu
Cognita prodigii nec quemquam fama fefellit.

La troisième est le *Mont inaccessible*, qu'il appelle *Alpe, sive mons inaccessus :*

Quæ negat ex illo præcisis undique saxis
Interclusa viam mortalibus atque recessum
Præbet Oreadibus solis, solisque Napæis.

19

La quatrième sont les *Cuves de Sassenage*, qu'il intitule *Melusina, sive tineæ Sassenagiæ* :

> Unaque fecundas segetum portendit avaro
> Agricolæ messes, fecundas altera vites.

La cinquième est la *Fontaine vineuse*, qu'il nomme *OEnilhoe, sive fons vinosus in agro vapincensi :*

> .... Natumque repente liquorem
> Qui sapit ex illo tactum vinosus Iacchum.

La sixième est la *Manne de Briançon*, qu'il qualifie de *Carix, sive manna brigantiense* :

> Quæ modo sidereis frondescit in alpibus arbor
> Unaque sudanti stillantes aere guttas
> Excipit.

La septième est le *Ruisseau de Barberon*, qu'il nomme *Barberus fons, in agro Delphinatum, Allobrogum viennensi :*

> .... Vago per gramina gurgite serpit.

M. Chorier, dans le volume de l'*Histoire du Dauphiné*, dit de même qu'il y a sept merveilles en cette province ; mais celles qu'il a remarquées ne sont pas les mêmes de M. de Boissieu. C'est dans le liv. 1er qu'il en parle et qu'il les nomme ainsi :

La Tour sans venin, section 12 ;

La Montagne inaccessible, même section ;

La Fontaine qui brûle, section 13 ;

Les Cuves de Sassenage, même section ;

Les Pierres précieuses ou ophthalmiques du même lieu, en la même section ;

La Manne de Briançon, même section ;

La Grotte ou le Lac de Notre-Dame-de-la-Balme, section 14.

(*Dictionnaire du Dauphiné*, tome 2.)

Baillifs.

Il y en a deux en cette province : celui du Viennois et celui des montagnes. Cet ordre fut établi par le dauphin Louis, par des lettres-patentes de juillet de 1447, données à Valence, et par d'autres du 24 novembre 1478, qu'il donna étant roi onzième du nom ; il leur laissa le pouvoir de créer des lieutenants et, à faute de le faire, il en donna la charge aux gouverneurs de la province ; le gage de ces baillifs est fixé par ces dernières patentes-lettres à quarante livres. On a dû depuis créer des lieutenants ou vibaillifs en titre d'office, et la nomination n'en dépend plus des baillifs ou des gouverneurs. François Marc a fort raisonné sur ce premier pouvoir des baillifs envers les vibaillifs ou leurs lieutenants, dans la première partie de ses décisions (quest. 792.) Il écrivait sous le règne de

Louis XII et de François Ier, et il fait connaître que déjà de son temps le roi avait pourvu de ces charges de lieutenants et en avait ôté la nomination aux baillifs. Nicolas Chorier, dans le premier volume de l'*Histoire de Dauphiné*, livre 11, dit que les baillifs étaient les gouverneurs de l'étendue de leurs bailliages, que les châtelains leur rendaient compte de leurs recettes; que s'il fallait prendre les armes pour attaquer ou se défendre, ils donnaient les ordres nécessaires et avaient le commandement sur les troupes qu'ils avaient levées; du temps des dauphins de Viennois et avant que le dauphin Louis eût réduit les baillifveries en deux, il y en avait six.

La première était celle de Viennois pour les comtes de Vienne et d'Albon. Le comte de Savoie y avait aussi un baillif.

La seconde était celle de Graisivaudan; le comte de Genève y avait aussi un baillif à cause de quelques terres qu'il y possédait.

La troisième est celle de la Tour.

La quatrième, celle d'Embrun, qu'on appelait du palais.

La cinquième, du Gapençais.

La sixième, celle du Briançonnais.

On ne comprend point ici le Valentinois et le Diois, parce que les comtes qui en étaient les souverains avaient leur baillif qu'ils appelaient général.

Les baillifs sont reçus dans les bailliages avec l'épée et les éperons.

(*Dictionnaire du Dauphiné*, tom. 1.)

Sassenage.

Sassenage est la seconde baronnie de Dauphiné, à une demi-lieue de Grenoble, au diocèse et en l'élection de cette ville et au bailliage de Graisivaudan; le mandement est composé de sept paroisses qui sont : Sassenage, Lans, Villard-de-Lans, Meaudre, Engins, Autrans et Fontaines.

L'an 1339, il y avait dans ce mandement onze châteaux ou maisons fortes; voici les gentilshommes qui les possédaient: Guiffrey de Revel, François de Revel, Lantelme d'Aresnes, un autre Lentelme d'Aresnes, Guigues d'Engins, Jean Bovier, Guillaume Achard, Guillaume de Vercors, Achard-Achard, Disdier Achard.

Il fut fait dans la même année un rôle des gentilshommes du Graisivaudan, et il s'en trouva plus dans la terre de Sassenage que dans toutes les autres ensemble.

L'an 1359, François II, baron de Sassenage, reçut

l'hommage de quatre-vingt-quatre gentilshommes de la même terre.

Par transaction du 21 mars 1468, faite entre le baron de Sassenage et les habitants de quatre paroisses du bas Sassenage, les cas impériaux furent réglés à six : lorsque le seigneur serait fait chevalier, lorsqu'il marierait ses filles, lorsqu'il acquerrait quelques domaines ou juridictions, lorsqu'il faudrait le racheter en cas de prison, lorsqu'il irait à l'armée pour l'empereur, lorsqu'il passerait la mer.

François Marc (décis. 53 de la 1re partie de son *Recueil d'arrêts*), dit que le gouverneur du Dauphiné avait concédé un marché à Sassenage pour tous les vendredis de l'année.

J'ai parlé ailleurs des cuves et des pierres précieuses de Sassenage qui sont du nombre des merveilles du Dauphiné.

L'ancienne famille de Sassenage s'éteignit en Henri, baron de Sassenage, qui mourut sans enfants. Le dauphin prétendit sa succession, mais par transaction du 30 avril 1339, il la céda à Henri de Bérenger, neveu de Henri, à la charge de la tenir de lui à foi et hommage ; j'en ai vu l'acte dans la chambre des comptes de Grenoble, au registre intitulé *notæ frumenti*. Ce Bérenger quitta le nom de sa famille pour prendre celui de Sassenage, que ses successeurs ont continué de prendre jusqu'aujourd'hui.

Nicolas Chorier, avocat au parlement de Grenoble, a fort bien écrit la généalogie de cette maison, dont il a trouvé l'origine parmi les comtes de Lyon et de Forêts; elle possédait en souveraineté la terre de Sassenage et ne l'a soumise au dauphin que l'an 1297.........
....

(*Dictionnaire du Dauphiné*, tome 2.)

Arrière-ban.

Celui de ce pays a souvent marché, et peu de gentilshommes s'en sont exemptés.

L'an 1375, Charles de Bouville, gouverneur du Dauphiné, le convoqua pour s'opposer aux Français qui, sous le nom de Bretons, passaient en cette province pour aller en Italie en faveur du pape, à cause des désordres qu'ils y commettaient; ce ne fut pourtant pas une convocation générale; mais il donna le commandement à quelques gentilshommes pour garder cette province en divers endroits.

L'an 1419, le dauphin fi lever le ban et l'arrière-ban pour aller au siége du Saint-Esprit; le commandant général fut Guichard Dalphin, ou Dauphin, gouverneur de Dauphiné.

L'an 1495, l'arrière-ban marcha encore ; le rôle des gentilshommes qui s'y trouvèrent est dans les registres de la chambre des comptes de Dauphiné.

L'an 1512, l'arrière-ban de Dauphiné fut commandé pour aller en Italie ; il parut dans cet arrière-ban plus de six cents gentilshommes.

L'an 1513, l'arrière-ban marcha encore en Italie.

L'an 1523 et 1524, on convoqua encore l'arrière-ban de toute la province.

Lorsque l'arrière-ban marcha en 1375, ce fut aux dépens du pays, qui donna par mois à chaque chevalier banneret quarante florins, à chaque bachelier trente, et à chaque écuyer quinze.

Louis XIII a fait un règlement concernant la levée du ban et arrière-ban, le 30 juillet 1635, et Louis XIV un autre, par ses lettres-patentes du 11 août 1674.

(*Dictionnaire du Dauphiné*, tome 1.)

Cas impériaux.

Sont appelés cas impériaux en Dauphiné ce que les coutumes nomment droit de taille aux quatre cas ou loyaux aides. Au commencement il n'y en avait que deux : *pro exercitu et pro corredo imperatoris* ; celui-ci a donné la dénomination aux autres. C'est un droit que les seigneurs ont établi sur leurs vassaux à l'exemple des patrons de l'ancienne Rome, qui recevaient des aides de leurs clients pour le mariage de leurs filles, quand ils n'avaient pas suffisamment de quoi les doter, et pour leur rançon, quand eux ou leurs enfants étaient prisonniers de guerre. En Dauphiné, le seigneur doit être fondé de titres qui en spécifient les cas, autrement il ne peut les exiger ; c'est pourquoi il y a des seigneurs en cette province qui n'en ont que deux, d'autres quatre et d'autres six, n'y en ayant jamais eu plus grand nombre. En voici l'explication :

1º Pour les frais de la chevalerie du seigneur ou celle de ses enfants ;

2º Pour le mariage de ses filles ;

3º Pour son rachat ou pour sa rançon, étant prisonnier de guerre ;

4º Pour le voyage de la Terre-Sainte ;

5º Pour son équipage pour suivre le roi ;

6º Pour l'acquisition de quelques terres.

Gui-Pape parle de celui du mariage des filles (quest. 57), et dit que la coutume dans les baronnies y attache tous les vassaux, suivant leurs facultés.

(*Dictionnaire du Dauphiné*, tom. 1.)

Pont de Claix.

Le pont de Claix est à une lieue de Grenoble, bâti sur le Drac d'une seule arche, d'une largeur prodigieuse, ayant vingt-deux toises et demie de roi d'un fondement à l'autre, sur deux rochers dont la matière est de pierre blanche. Sa structure admirable et sa hauteur surprend tous ceux qui le regardent. Aussi le connétable de Lesdiguières, qui l'a fait construire en 1611, a fait mettre d'un côté cette devise : *Romanas moles pudore suffundo;* et de l'autre celle-ci : *Unus distantia jungo.*

Pour aller à ce point depuis Grenoble, on a dressé un chemin qui est le plus beau cours de France; car il est droit, large de douze toises et entre deux rangs de peupliers, cotoyé de deux autres chemins, ou pour mieux dire allées agréables, larges de trois toises, où il y a encore un rang des mêmes arbres de chaque côté; nous le devons aux soins de M. le premier président de Saint-André, et à la conduite du sieur Diclamant, ingénieur du roi, qui l'a tracé et a donné les ordres nécessaires pour l'alignement et pour les plantements l'an 1684.

(*Dictionnaire du Dauphiné*, tom. 1.)

Comme on le voit, le pont de Claix n'a été bâti que long-temps après la mort de Montbrun ; mais Valbonnais nous assure qu'autrefois il en existait un autre à la même place. Il est plus que probable qu'en tout temps on a tiré parti de la forme singulière des deux rochers et de leur rapprochement.

(*Note de l'auteur.*)

Drac.

Le Drac est un torrent impétueux contre lequel les digues et les réparations sont inutiles ; il renverse tout ce qu'on lui oppose, et se faisant un chemin dans une petite plaine qui le sépare de la ville de Grenoble, il a réduit souvent cette ville à tout appréhender de ses inondations ; ses murailles ne l'ayant pu mettre à l'abri de ses violences, il les a abattues, il a ruiné et péri les fonds et les domaines qui lui sont voisins, et ses eaux ont fait plusieurs fois des ruisseaux dans les rues, qui menaçaient d'abattre les maisons les plus fortes. Il naît dans le Champsaur, et coulant entre les terroirs de Trièves, de Corps et de quelques autres communautés où il est resserré, il semble, en approchant Grenoble, qu'il gronde de la contrainte où il a été pendant plusieurs lieues, et bondissant dans les plaines qui le conduisent au-dessous de Grenoble, on croirait qu'il veut tout soumettre à son impétuosité et abîmer tout ce qui le borde. Il n'est pas croyable combien on a fait de la dépense pour lui résister, mais souvent c'est vainement, et rien ne peut empêcher ses approches d'une ville qui, de tout temps, a ressenti ses coups et ses désordres ; il se jette dans l'Isère, et ses eaux, qui sont claires, se voient presque à l'autre bord de cette rivière, tant sa chute est rapide dans son embouchure : aussi le penchant où il est a donné lieu au parlement de Grenoble de défendre de prendre de ses eaux pour les conduire à des moulins ou à d'autres usages, de crainte de lui ouvrir un chemin où il court si naturellement ; c'est ainsi que le rapporte François Marc, première part., décis. 40.

(*Dictionnaire du Dauphiné*, tom. 1.)

Siége de Livron.

Montbrun et Roisse redoublent de vigilance, fortifient Livron ; on ajoute à sa garnison celle de Pontaix. Les défenseurs de Livron étaient animés d'un tel courage, qu'ils résolurent, malgré le froid rigoureux de l'hiver, de vaincre les catholiques acharnés à faire le siége de leur ville, en opposant à la force ouverte la plus vigoureuse résistance. Gordes, après une course jusqu'à Aoste et Alais, après avoir approvisionné Die de vivres et de munitions, tourne face vers Livron ; cette prise lui tenait à cœur. Le 19 décembre, il reconnaît les endroits propres à placer ses troupes et l'artillerie; le 20, il approche de la ville. Quatorze compagnies de gardes royaux, onze d'arquebusiers dauphinois, trois cents hommes de vieilles bandes, onze enseignes de Suisses, neuf de Piémontais, quatre compagnies de gendarmes, huit cornettes de reîtres, composaient l'armée catholique sous le maréchal de Bellegarde, investi du principal commandement. On pointa contre Livron, sur trois batteries, vingt-deux bouches à feu. Le 26 décembre, deux mille six cents coups de canon ayant foudroyé les murs et les barricades de la ville, on donna l'assaut général ; l'intrépide Montbrun, à la tête des religionnaires, se montre presque à découvert; déploie tant de bravoure à ce siège à mort, qu'après deux heures d'un combat très-sanglant, Montbrun et Bellegarde sonnent la retraite. Le 27, les assiégés, pour se divertir, attachent au fer d'une pique, par manière de *rébus*, un fer de maréchal (qui désignait Bellegarde) un chat (indiquant Livron) et des mitaines, vulgairement nommées moufles, qui donnaient à entendre que l'on ne prenait pas sans eux un tel chat.

Les religionnaires s'étaient beaucoup affaiblis à cet assaut, le plus rude de mémoire d'homme. Le brave Roisse, le jeune et intéressant Glandage, nombre d'autres capitaines étaient morts au champ d'honneur. Après la perte de Roisse, Montbrun, chagrin, confie le commandement de Livron à la Haye, jeune homme âgé de près de vingt-trois ans.

La poudre manquait à Livron; les calvinistes, s'ils ne recevaient bientôt du secours, étaient perdus; Montbrun leur envoya Lesdiguières. Ce vaillant Dauphinois, suivi de cinquante soldats munis de poudre, traverse le camp catholique; du bord des retranchements il donne aux assiégés le signal. A ce bruit les catholiques chargent Lesdiguières; sa défense fut vive; on lui tua néanmoins deux hommes. Une fois à la porte de Livron, il y entre : l'heureux Lesdiguières, à la faveur de la nuit, échappe aux assiégeants. Les Livronnais, secourus le lendemain d'un premier assaut sur lequel les catholiques fondaient un très-grand espoir, se réjouirent beaucoup : leur courage s'enflamme; ils se décident à tout souffrir plutôt que de se rendre.

An 1575. Quelques jours s'écoulent depuis le premier assaut; les catholiques en donnent un deuxième. Montbrun enhardit les Livronnais; ils repoussent les catholiques, comblent de morts les retranchements.

Le 10 janvier, le roi part d'Avignon; arrive le 13

par la route de Lyon au camp des troupes catholiques; y reste quelques heures. A peine les Livronnais eurent aperçu le roi, qu'ils parlent d'une manière libre et injurieuse. Henri III dissimule son courroux ; après avoir engagé les catholiques, ses fidèles sujets, à bien faire leur devoir, ils se retire, couvert de fortes et longues huées des religionnaires. Le 15, il se trouva à Valence, et le maréchal de Bellegarde au camp. La nuit suivante, ils cherchent à surprendre Livron...... Le 16, le roi préside à Romans les états des trois ordres de la province........... Gordes était aux états : en son absence, le maréchal de Bellegarde, campé vis-à-vis Livron, attaque les religionnaires à nombre de reprises ; Montbrun, à son tour, lui rend la pareille. Les Piémontais moururent de maladies contagieuses, provenues des rigueurs du froid ; elles commençaient à atteindre les Français, les Suisses, alors que, le 29 janvier, le troisième jour du siége mémorable de Livron, le maréchal de Bellegarde et les principaux officiers le lèvent....................

(*Histoire de Charles du Puy*, surnommé le brave, *Seigneur de Montbrun*, p. 69 et suiv.)

Le 13 juin 1575, les Suisses, en ordre de bataille, défilent à peu de distance de Die, de deux à deux, sur le pont d'Oneille, près de Motières. Montbrun, alors au plan de Supas, fond sur eux à l'improviste, tue l'un de leurs colonels et trois cents hommes; fait, le 14, mordre la poussière à neuf cents hommes de l'avant-garde de Gordes et retient prisonnier Melchior de la Poëpe-Saint-Julien, commandant de la compagnie, et nombres d'autres, soit Français, soit étrangers. Les religionnaires perdent en tout six des leurs, gagnent sur les catholiques dix-huit enseignes; ce jour-là le valeureux Lesdiguières eut un cheval tué sous lui.

A la vue de Freulich, leur colonel, de seize capitaines et de leurs camarades étendus sur le carreau, les Suisses sont remplis d'effroi; Gordes rassure et leurs ames et leurs têtes. On rapporte qu'un capitaine suisse, échappant d'un si terrible carnage, dit ces paroles : « César, François Ier et Montbrun ont défait notre nation. » Montbrun et Gordes, la lance à la main, se virent à ce fameux combat, mais ils ne purent se joindre.

(*Histoire de Charles du Puy*, *surnommé* le brave, *seigneur de Montbrun*, p. 104.)

Prise de Montbrun.

..............Rosset et d'Ourches furent ceux à qui Gordes se fia pour lui amener le secours dont il avait besoin. Il les fit suivre de toutes les compagnies françaises, à la réserve de celles de Balagné et de Glandage, qu'il retint. Les Suisses étaient dans l'épouvante et il leur avait promis qu'il ne les quitterait point ; mais il avait besoin d'un nouveau renfort pour les assurer..................................

Cependant Lesdiguières fit de fréquentes courses jusques aux portes de Die et entreprit même de surprendre une nuit le château d'Aix ; mais ne croyant pas de la facilité à exécuter ce dessein il le tourna à une entreprise de moins d'éclat, mais d'autant de préjudice. Il brûla les moulins de Die la nuit du 29, Glandage ayant négligé de les faire garder comme il avait fait les nuits précédentes. Il était maître de la campagne ; mais d'Ourches et l'Estang s'avançant vers Die, Montbrun donna rendez-vous à ses troupes à Pontaix et à Saillans pour s'opposer à leur marche et pour les combattre. L'Estang était à la tête de 1200 lances. Rochefort menait 400 arquebusiers à cheval et d'Ourches 2,500 hommes de pied. Montbrun leur vint à la rencontre, ayant passé le pont de Miribeau au lieu de les attendre dans les détroits de Quint et de Saillans. Lesdiguières alla le premier à la charge : il eut à ce premier choc son cheval tué sous lui, mais Vialis de Romans l'ayant remonté il suivit sa pointe avec tant de vigueur qu'il renversa trois compagnies de gens de pied qui se rencontrèrent devant lui. Montbrun chargea de son côté un gros de cavalerie, et Rosset et Barry, cornettes blanches des deux partis, s'étant choisis, se tuèrent l'un l'autre. Rosset était aussi l'un des commis des états de ce pays, homme de grande expérience, qui avait rendu à Gordes de grands services : aussi il obtint du roi une pension de 2,000 livres pour ses enfants sur les deniers du pays. La victoire était en balance entre les deux armées, mais les soldats de Montbrun s'étant amusés à dépouiller et à fouiller les morts, elle pencha du côté de Gordes. Il avait un corps de réserve qui les investit et tua d'abord seize gentilshommes à Montbrun. Le désordre s'étant mis entre eux il lui fut impossible de les rallier; son cheval était harrassé et il ne pouvait éviter d'être ou pris ou tué que par la fuite ; il le poussa pour sauter le canal d'un moulin, mais il tomba et cassa une cuisse à Montbrun qui se trouva sous lui. D'Ourches et Dupuy Rochefort le suivaient; il se rendit à eux, ils étaient ses cousins et il ne firent pas difficulté de lui promettre la vie qu'il leur demanda. La défaite de ses gens fut grande; il ne s'en sauva que ce que Lesdiguières mena droit à Pontaix, où il fit retraite. Trop de cœur fit périr Montbrun et son bonheur le trompa. Quand on se promet tout de la fortune, on ne refuse rien à son courage. Antoine Chaboud et Antoine Faure des Blains servirent si utilement en ce combat qu'ils furent loués généralement de tous.

Leur vertu ne fut pas sans récompense, ils furent anoblis quelque temps après. La noblesse politique est la splendeur de la noblesse morale. Montbrun fut porté à Crest et de Crest à Valence par le commandement de Gordes, qui sortit de Die avec les troupes qui s'étaient rassemblées autour de lui. La compagnie de Balagni refusa de demeurer plus long-temps à Die, où elle était en garnison, et il fut contraint de l'en tirer et de lui donner un autre logement où elle eût moins à souffrir. La prise de Montbrun, quand la nouvelle en fut portée à la cour, y fut considérée comme la ruine de son parti en Dauphiné. D'Ourches, qui avait été la principale cause de ce bon succès, par son courage et par sa prudence, reçut une récompense non médiocre de ce signalé service. Le roi lui fit don du péage de Montélimar et de ses revenus. Cette reconnaissance fut bien autant l'effet de la haine du roi contre Montbrun, que de son amour pour ses sujets fidèles. Il avait cela du grand prince qu'il désirait l'obéissance, et du médiocre, qu'il se figurait de l'affermir par la vengeance. Il ne savait pas l'art de regagner les cœurs par le pardon et par la clémence, ou il croyait qu'il ne lui était pas bienséant de le pratiquer. Il commanda au parlement de faire le procès à Montbrun, si bien que Gordes ayant reçu ordre de le conduire à Grenoble, il l'y accompagna lui-même pour s'opposer aux desseins que ceux de son parti témoignaient de l'enlever. Il ne voulut pas être de ses juges, quoique le parlement le désirât, ni avoir part à une action si opposée au droit de la guerre : jusqu'alors les prisonniers des deux partis avaient été traités comme prisonniers de guerre et non comme prisonniers de justice. Outre que d'Ourches avait promis la vie à Montbrun, le prince de Condé y prit intérêt et écrivit à Gordes, au parlement et à Montbrun même. Lesdiguières et tous les principaux chefs du parti huguenot en firent autant et pour le tirer du péril où ils le voyaient ils mirent en usage et promesses et menaces ; même ils s'assemblèrent à Mens pour délibérer de ce qu'ils avaient à faire et des moyens de le sauver, et là le commandement général qu'avait Montbrun fut donné à Lesdiguières. On avait fait des prisonniers à la défaite de Montbrun, que l'on était bien certain que Lesdiguières n'exposerait pas au juste ressentiment du roi en exécutant les menaces qu'il faisait pour Montbrun sur les catholiques qu'il tenait. Le roi défendit à Gordes d'en relâcher aucun, particulièrement Varces et Vaulserre, qui avaient dans leur parti une haute considération. Montbrun fut jugé et condamné à la mort, qu'il souffrit avec beaucoup de constance, le 12 du mois d'août. On ne vit jamais d'ame plus ferme, ni d'homme plus hardi : aussi on lui donna le titre de *Vaillant* ; son courage était au-dessus de tous les dangers. Cet éloge fut un aveu public de sa générosité. Il méritait une plus heureuse fin avec tant d'excellentes qualités. Mais ayant changé de religion, et ayant été depuis le flambeau des divisions civiles qui embrasa sa patrie, elle fut ravie que la justice exerçât sur lui toute sa rigueur. Bien loin que le roi se laissât fléchir, que par ces fréquentes lettres il sollicita ce jugement et le hâta. Rien n'est délicat aux offenses comme l'autorité souveraine, ni dur à la pitié quand elle est offensée.

(CHORIER, tom. 2, pag. 669.)

On ne peut exprimer combien la nouvelle de cette prise causa de joie à la cour. Il était enfin arrêté au milieu du cours de ses victoires, cet homme qui le premier des réformés avait osé lever l'étendard de la révolte dans le royaume, et qui venait encore tout récemment de braver son roi. Aussi envoya-t-on ordre aussitôt de le garder avec soin et de n'en point disposer sans un commandement exprès de S. M. Le prince de Condé, le duc de Damville, tout le parti, eurent beau faire agir leurs députés pour engager la cour à le traiter comme prisonnier de guerre. Le duc de Guise lui-même, qui était tout-puissant, eut beau le demander pour l'échanger contre Bême, ils n'obtinrent rien, et de Gordes reçut ordre de remettre son prisonnier entre les mains du parlement de la province.

Montbrun fut donc conduit à Grenoble, interrogé

par ses juges et condamné à mort, comme criminel de lèze-majesté. Sa blessure l'avait si fort atténué qu'on craignit qu'il ne vécût pas long-temps. C'est ce qui fit précipiter son jugement. Lorsqu'on le conduisait au supplice à demi-mort il fit paraître une constance au-dessus de ses forces. On lui avait défendu de haranguer le peuple, mais il passa la défense. Il protesta hautement que s'il était condamné à mort ce n'était pour aucune mauvaise action, mais pour avoir porté les armes pour la défense de sa religion et contre les ennemis de l'état. Il ajouta qu'il allait gaiement au trépas parce qu'il le regardait comme l'heureux terme de ses travaux. Ensuite il demanda à Dieu que sa mort fût pour son bien et pour celui du royaume et présenta sa tête au bourreau avec une fermeté admirable.

Plusieurs ne purent s'empêcher de plaindre le sort d'un homme que sa naissance rendait respectable. Si la guerre qu'il entreprit fut injuste dans son origine, tant d'édits semblaient l'avoir rendue légitime, et il lui en coûtait la vie, tandis que le droit des gens était regardé comme sacré à l'égard de tant d'autres prisonniers de guerre......................................
....
....

(DE THOU, tom. 7, page 270.)

Grenoble.

Grenoble est aujourd'hui la ville capitale de toute la province du Dauphiné et a été le séjour le plus ordinaire des comtes de Graisivaudan, qu'on a nommés ensuite dauphins de Viennois. Ptolomée l'a appelée *Accusium*, mais on doute qu'il ait voulu parler d'elle. Son nom le plus ancien dont nous ayons des preuves, est Cularo, Cularonne, et j'en ai parlé ci-devant sur cet article; elle fut ensuite appelée Grenoble, *Gratianopolis*, ville de Gratien, à cause de quelques réparations publiques que cet empereur y fit faire, mais non pas pour l'avoir fondée. On doit encore son augmentation aux empereurs Dioclétien et Maximien, car auparavant c'était peu de choses et ce n'était proprement qu'un magasin pour les armées d'Italie qui venaient dans les Gaules. Cette réparation ou augmentation de ces deux empereurs est connue par les inscriptions qui étaient autrefois sur les deux portes nommées *Romana Jovia* et *Herculea Viennensis;* et que j'ai rapportées sur l'article de Cularonne..................
....
....

La ville est située au pays des Voconces, et les faubourgs de la Perrière et de Saint-Laurent le sont en celui des Allobroges, n'étant séparés que par l'Isère. Les épitres de Plancus parmi celles de Cicéron, au dixième livre, parlent de cette ville sous le nom de Cularo, entre autres la vingt-troisième. Saint Augustin en fait mention, liv. 21, chap. 7 de la *Cité de Dieu*, sous celui de Grenoble, et elle est comprise dans les *Notices de l'empire*, chap. 90. Une table de Peutinger l'a nommée Culabo pour Cularo. Quelques lettres de Hugues Capet au pape Jean nous apprennent que souvent les rois de France se rendaient en cette ville quand ils voulaient conférer ensemble. César, après avoir triomphé des Allobroges, y mit une forte garnison. Plancus, qui commandait aux Allobroges était dans cette ville pendant le triumvirat, et ce fut de là qu'il fit son accommodement avec Marc-Antoine et Lépide; Auguste y mit aussi une garnison. Ce fut l'an 379 que Gratien y passa; les Lombards l'assiégèrent l'an 574. Elle a souffert de grandes inondations par les débordements de l'Isère et du Drac, mais les plus considérables ont été en 1219 et 1651. Cette dernière abattit un pont de pierre sur lequel il y avait une tour fort haute, qui avait une horloge dont la sonnerie était entendue par toute la ville. D'un côté de cette tour on lisait ces vers :

Tolle moras : fugiunt tacito nam tempora cursu;
Nec tibi prœteritos referent horaria menses.

De l'autre côté étaient aussi les vers qui suivent :

Dura ferox summæ cernis quæ marmora turris
Abstulerat Mavors fulminis arte sui.
Cunctis optatæ jam non sine numine pacis
Laute structa diu non peritura manent.

On en a élevé deux autres, l'un de pierre, l'autre de bois. Par une sentence du juge de cette ville de l'an 1297, confirmée par des arrêts du parlement de 1500, 1524 et 1547, il est dit que nul des habitants ne peut être pris dans les maisons ou boutiques pour être emprisonné pour dettes. François Marc dans ses décisions, 1re partie, chap. 267 et 528, dit qu'ils sont exempts de tous tributs, péages et gabelles, naviguant sur le Rhône et sur l'Isère, par leurs libertés accordées par l'empereur Charles IV. Et dans la question 528 il ajoute que ce privilége ne peut être étendu en faveur des marchands et de ceux qui trafiquent, suivant la restriction faite par le dauphin Louis et par ses lettres de l'an 1450, données à Saint-Donat; et Gui-Pape (décis. 275) dit que le dauphin Louis, par ses lettres-patentes du 27 mars 1457, déclare qu'ils ne peuvent être distraits de leur juridiction ordinaire, soit pour le civil soit pour le criminel, en conséquence d'une transaction faite entre ce prince et Jean, évêque de Grenoble, le 3 juin

1444. Il y a toujours eu quatre consuls, comme le dit le même Marc (décis. 779), et il ajoute que de son temps le premier était ou noble ou avocat, le second procureur ou notaire, le troisième marchand et le quatrième de la rue Saint-Laurent. A la suite, la nouvelle religion ayant trouvé du support et du crédit, on en mit un protestant, savoir une fois le second et une autre fois le troisième; mais aujourd'hui ils sont tous catholiques, en vertu d'un arrêt du conseil du 10 janvier 1681. Le même Guy-Pape, dans sa décision 58, dit que ces consuls sont obligés de travailler pour la ville et de faire tous les voyages nécessaires sans aucune récompense ni salaire, et que la chose avait été jugée au parlement, l'an 1454. Son agrandissement de l'an 1591 fut par les soins de François de Bonne de Créqui Lesdiguières, qui fut en après connétable de France. Le dernier, fait en 1671 l'a été par ceux d'un autre François de Bonne de Créqui, duc de Lesdiguières, gouverneur de cette province l'an 1670, et en vertu des lettres-patentes du roi Henri IV du 11 novembre 1606. Les maisons qui occupaient le ban de Mal-Conseil furent abattues pour y faire la place qui y est aujourd'hui, où autrefois fluait une fontaine dont les eaux sont présentement dans le parterre de la maison de Lesdiguières, qu'on appelle la Trésorerie. Le roi, en qualité de dauphin, est seigneur de cette ville en pariage avec l'évêque. Nicolas Chorier, dans le deuxième tome de son *Histoire du Dauphiné*, dit que ce fut l'évêque Geoffroi qui le donna au dauphin Charles de France l'an 1351; mais il ajoute que plutôt il ne le lui contesta pas comme les autres évêques l'avaient contesté aux autres dauphins de Viennois. Cette contestation provenait de ce que l'an 1161 l'empereur Frédéric II en avait donné les régales à l'évêque; mais les comtes de Graisivaudan ou dauphins s'en étaient déjà saisis. L'évêque ne put pas jouir paisiblement de son don, et même l'an 1247, au mois de juillet, l'empereur Frédéric II en gratifia le dauphin Guigues-André; ainsi l'un et l'autre avaient des titres ou une possession pour se maintenir dans la souveraineté de cette ville. Je trouve même dans un registre de la chambre des comptes, reçu par Pilati, que l'évêque avait reconnu cette ville au dauphin Humbert II par un hommage du dernier juillet 1343, huit ans avant cette prétendue admission au pariage, et pour le mieux encore prouver c'est un acte de l'an 1266, où il est dit que le siége de l'évêché vacant le dauphin Guigues XII en avait retiré les fruits *pro regalia sua*. Quant à l'église, ses priviléges lui furent confirmés l'an 824 par Louis, roi de Bourgogne, fils de Boson. Les dauphins avaient établi une foire dans Grenoble le jour de Saint-Michel, mais elle n'y est plus. Il y en a pourtant encore quatre: une le jour de saint Vincent, l'autre le lendemain des Rameaux, la troisième la mi-août et la quatrième le jour de sainte-Barbe ; il y a une leyde dans la ville, mais elle ne peut être levée ces jours-là, comme il a été jugé par arrêt de ce parlement, l'an 1463, rapporté par François Marc, première partie, décis. 265. Ce droit de leyde fut cédé à saint Hugues, évêque de Grenoble, l'an 1101, moyennant 114 sols d'argent. Je parlerai de son aliénation sur l'article de leyde. Par arrêt de ce parlement des 19 août 1654 et 5 septembre 1665, il est défendu de vendre aucunes provisions et denrées que dans les places publiques, et aux boulangers, cabaretiers et revendeurs de les acheter qu'après deux heures après midi, afin de donner le temps aux habitants de faire leurs emplettes.

Il y a dans cette ville un évêché suffragant à l'archevêque de Vienne ;

Un parlement, qui est le troisième de France ;

Une chambre des comptes ;

Un bureau des finances, créé en 1628 ;

Un bailliage sous le titre de Graisivaudan, dont le magistrat, du temps de Gui-Pape, était appelé *judex majoris curiæ Graisivaudani*. Cet auteur, dans sa décis. 501, dit qu'il n'exerçait cette charge que deux ans, et dans la décis. 378 il le qualifie noble ;

Une élection créée en 1628 ;

Un juge royal et un épiscopal, que le même Gui-Pape, dans sa dernière décision, qualifie aussi noble ; ils ont chacun un lieutenant et ils sont alternatifs à cause de la juridiction qui est commune au roi dauphin et à l'évêque, seigneur temporel de cette ville.

Il y a aussi un gouverneur pour la ville et un autre pour l'arsenal, mais aujourd'hui il n'y en a qu'un pour tous les deux.

L'arsenal est une citadelle où il y a garnison; il y a encore la bastille et la tour de Rabot qui sont sans soldats; ses fortifications, avant même le dernier agrandissement, étaient de huit gros bastions à courtines et orillons, terrassés et fossoyés. Son territoire s'étend jusques au temple d'Échirolles, qui est aujourd'hui une commanderie de l'ordre de Saint-Jean de Jérusalem, à la fontaine de Jaillet, à la maladerie de la Balme et en un lieu nommé Soliers. Ce sont des limites tirées d'un acte de 1351. L'Isère passe entre la ville et les faubourgs de la Perrière et de Saint-Laurent, comme j'ai déjà dit; trois petits ruisseaux passent dans la ville, deux desquels font tourner les roues de quelques moulins; il y a de fort belles et larges rues et des maisons bien élégamment bâties. Du côté des faubourgs que je viens de nommer, la montagne appelée Chalemont est entourée de grandes et hautes murailles. J'ai décrit cette montagne sur l'article de Chalemont; les dehors de la ville sont bien cultivés. Le Drac et l'Isère y ont fait de cruels ravages pendant plusieurs années; mais les réparations qu'on a opposées au Drac les ayant laissés libres, ils ont bientôt été remis en bon état, parce que le terroir y est bon et fertile. Il y a un bois dans l'enclos de la ville qui est à la maison de Lesdiguières, on l'appelle improprement le jardin; c'est là où l'on se promène le jour à l'abri du soleil et quelques heures après le souper en été; car d'abord qu'il est dix heures, une cloche qu'on sonne avertit le monde que par l'ordre de M. l'évêque on va fermer cet agréable lieu.

(*Dictionnaire du Dauphiné*, tome 1.)

Lettre écrite à M. de Gordes par les gentilshommes de la religion du Dauphiné assemblés à Meins (Mens).

Monsieur,

Nous sommes très-certains que vous n'ignorez point que les cruaultés et mauvais traictements que l'on a exercés dès si long-temps en nos endroits et de nos semblables en nos personnes et consciences ne nous ayent contraincts d'avoir recours aux armes. Et combien que, par les effets passés, nous debvions juger quels doibvent estre les subséquens, si est-ce que, estant naturellement encleins à l'obéissance du roy, et désirans que nos actions démentissent ceulx qui journellement luy preschent nostre infidélité, nous avons voulu entendre à la paix, estans prests d'envoyer nos députés en Languedoc pour la conclusion d'icelle, et ne tient qu'à un passe-port. Toutes fois, attendu que M. Montbrun ayant esté mis entre les mains de la cour de parlement, est poursuivi criminellement, qui nous donne asseurance, si cela est, que quelque traicté de paix qu'il y aye, la mauvaise volonté qu'on nous porte ne diminue en rien, estant tous résolus ci-après n'entendre à trefve ni à paix s'il advient audit sieur de Montbrun aultre traictement que celuy qu'on a accoustumé de faire aux prisonniers de guerre; d'aultant que n'ayant luy failli que comme nous, et nous comme luy, nous ne debvons espérer que le mesme traictement qu'il aura. Vous protestans, s'il advient aultre chose, que nous en aurons revanche, non tant seulement pour les prisonniers que nous tenons en grant quantité, mais par le feu et tous les aultres moyens plus cruels que nous pourrons porter, comme nous en havons des moyens beaucoup, et les espérons havoir encore plus grands. Et parce que vous avés toute authorité et pouvoir de garder que la cruaulté ne soit point exercée en la personne du dict sieur de Montbrun, d'aultant que vous estes amateur du repos de ce royaulme et du bien et service du roy, nous vous supplions humblement y tenir la main afin que, par ce moyen, nous monstrions les effets de nostre bonne volonté au service de sa Majesté par le succès d'une bonne paix ; comme au contraire nous monstrerions la juste indignation que la cruaulté de laquelle l'on porrait user envers luy méritera, laquelle nous mettra en perpétuelle défiance. Nous attendons icy vos intentions, lesquelles ayant sceues, nous vous fairons paroistre que nous désirons avec le bien de M. de Montbrun le repos de ces païs, et ne partirons de ces quartiers que vous ne nous ayés mandé vostre volonté et n'ayons sceu le traictement que ledict sieur de Montbrun recevra. Et sur ce, Monsieur, nous prions Dieu vous donner en parfaicte santé longue et heureuse vie. De Meins, le 5 aoust 1575. Les soubssignés, qui désirent vous faire service, sont signés icy tant à leurs noms que aux noms de toutes les églises de ce royaulme et des catholiques de l'union ; ainsi signés : *l'Isle, Morges, Desdiguières, d'Oraison, Gouvernet, Campolion, Estoublon, Montarcier, Vercoyran, le Poët, Saint-Auban, Aspremont, Condorcet, Chamel, Pontevés, le Mas, Roussette, Ferrier, Montron.*

(*Histoire des guerres du Comtat Venaissin,*
tome 2, page 144.)

Lettre des mêmes au parlement de Grenoble.

Messieurs,

Estans assemblés en ce lieu pour traicter une trefve, nous avons esté advertis que vous procédez au procez de M. de Montbrun comme criminel, ce qui nous monstre clairement le peu de changement de la mauvaise volonté que de longue main nous avons à nos dépens, et pour nous estre trop fiez ez premiers ; qu'est cause que nous vous avons voulu faire ceste lettre, par laquelle nous vous déclarons que, en cas qu'il mésadvienne audict sieur de Montbrun, nous sommes résolus de n'entendre en aulcune paix ou trefve. Mais estant ledict sieur de Montbrun traicté comme l'on nous a faict entendre, il ne demeurera aulcun papiste, de quelque qualité qu'il soit qui ne reçoive le mesme traictement. Et d'aultant qu'il n'a failli que comme nous et nous comme luy, et que nous asseurons de semblable traictement tumbant en mesme fortune, nous gaignerions le devant usans de feu et de toutes espèces de cruaultés que nous porrons contre tous ceux et par tous les lieux que nous porrons sans espérances de nous laisser désormais abuser en paroles. Et de ceci nous protestons que le mal qui en porrait advenir ne nous soye point imputé, mais à ceulx qui nous occasionnent : car ce serait une trop grande injustice que les prisonniers de guerre soient traictés criminellement. Messieurs, nous prions Dieu qu'il vous inspire de sorte que nous n'ayons occasions d'user envers vos personnes et biens que de la mesme doulceur que nous avons faict jusque ici. De Meins, le 5 aoust 1575.

(*Histoire des guerres du Comtat Venaissin*, tome 2, page 147.)

Montbrun fut condamné par arrêt du parlement à avoir la tête tranchée, ce qui fut exécuté le vendredi 12 d'août. Allard dit que sa grâce arriva quelques heures après l'exécution ; mais les protestants, qui lui ont donné place dans leur martyrologe, prétendent au contraire qu'il ne fut condamné que par les ordres réitérés du roi et de la reine-mère. Quoi qu'il en soit, telle fut la fin de cet homme qui avait porté quinze ans les armes à la tête des rebelles. On ne peut disconvenir qu'il n'ait possédé toutes les qualités qui font le grand homme de guerre; mais il les ternit par ses cruautés, par son apostasie et par sa rebellion. Ses biens furent confisqués moitié au roi moitié pour réparer les églises qu'il avait ruinées. Ses enfants furent déclarés roturiers par le même jugement, mais ils furent réhabilités en 1620. Perussis nous apprend que son père, en l'instituant son héritier par son testament, avait témoigné du regret de n'avoir que ce fils, prévoyant qu'il serait méchant et qu'il ferait une fin tragique.

Dans l'action où Montbrun fut pris, il y avait un détachement considérable des troupes du Comtat et plusieurs gentilshommes de cette province; Brancas, Rousset, Chauldon, Albizzi, Vaulpergue, qui furent tués, étaient de leur nombre. Barry, neveu de Montbrun et son cornette, y perdit aussi la vie. Son enseigne fut portée à Avignon; sa devise était : *Du mont bruira du Seigneur la louange.* De Lille, frère du baron d'Allemagne, qui avait été fait prisonnier par les catholiques, fut relâché, moyennant une grosse rançon, qu'il paya sur-le-champ.

(*Histoire des guerres du Comtat Venaissin*, tome 2, page 149.)

Parlement de Dauphiné.

Humbert II l'avait institué sous le nom de *conseil delphinal*, l'an 1337, dans le lieu de Saint-Marcellin, au diocèse de Vienne, puis il le transféra à Beauvoir, et enfin à Grenoble, l'an 1340. Tellement que lorsque le dauphin Louis, fils du roi Charles VII, lui changea le nom de conseil en celui de parlement, l'an 1453, on peut dire que ce ne fut pas une création nouvelle et que son ancienneté doit courir depuis l'an 1337. En effet, Gui-Pape, qui était conseiller dans le conseil et qui continua de l'être après ce changement de nom, dans sa quest. 43, dit que *anno 1343 et de mense Julii, dominus noster delphinus Ludovicus Viennæ, loco consilii Delphinatus subrogavit parlamentum in ipsum consilium delphinale, nunc appellatur seu nuncupatur parlamentum ad instar regii Parisiis.* Parmi ceux qui savent ce que c'est que subrogation, on ne saurait dire que celle-ci soit une nouveauté ou une nouvelle création; au contraire, ils tombent d'accord que ce n'est qu'un changement de nom. En effet, le même auteur, qui peut mieux en parler et plus pertinemment que nul autre, puisqu'il était contemporain et qu'il était officier en ce tribunal lors de ce changement, discourant encore de la même chose dans sa question 554, ajoute que *Ludovicus, regis Francorum Caroli VII primogenitus, delphinus viennensis, de anno Domini 1453, mutavit nomen consilii in parlamentum*, et dans sa question 54, parlant du temps qu'il était avocat avant qu'il fût conseiller, témoigne si bien qu'il n'y avait que le changement de ce nom et nullement de dignité ou de qualité, qu'il dit : *Tempore quo advocabam in dicta curia parlamenti*, au lieu de dire *consilii*. Et François Marc, dans sa question 37 de la deuxième partie de son *Recueil des arrêts* de ce parlement, en parlant de lui et de son institution, ne fait aucune mention du dauphin Louis, mais il dit nettement *quæ curia fuit instituta per dominum Humbertum delphinum, et habet mercem et mixtum imperium per totam patriam* ; tellement qu'on peut assurer avec vérité que le parlement de Grenoble a été créé en 1337, et que tout ce qu'on a fait en conséquence ne peut détruire cette ancienneté, ni donner lieu de croire que ç'a été une nouvelle création. C'est pour cette raison qu'il a toujours été présumé le troisième en rang parmi ceux de France, après Paris et Toulouse, et qu'on n'a eu aucun égard aux injustes prétentions de celui de Bordeaux. Cependant, après que le dauphin Louis eut changé ce nom, le roi Charles VII, son père, l'approuva si bien que, dans les mandements qu'il lui adressa, il ne le nomma jamais que parlement. Depuis son règne jusques à celui de Louis-le-Grand, il y eut plusieurs créations d'officiers, car, lors de l'établissement du conseil, il n'y eut qu'un président, sept conseillers et un avocat général, qui faisait aussi les fonctions de procureur général. Le président unique y a demeuré jusques en 1515, qu'on en mit un autre. Il y a trois chambres ; les causes naissantes commen-

cent toujours dans la première, et de celle-là vont aux autres. Avant que les charges fussent vénales, lorsqu'il venait à vaquer quelque officier, on en présentait trois au roi, et il en choisissait un pour la remplir, suivant des lettres-patentes du roi Louis XII, du 9 mai 1449, comme le dit François Marc (2ᵉ partie, quest. 596), mais aujourd'hui cette présentation n'est plus en usage. De tout temps, ceux de ce parlement ont acquis la qualité de nobles ; mais les règlements de 1602 et de 1639 leur ont ôté la prérogative de la transmettre à leurs enfants, à moins que d'avoir été vingt ans dans leur charge, ou qu'un aïeul, un père ou un fils ne l'aient exercée entre eux pendant ce temps-là continuel ; alors on ne la dispute point à ceux qui sont venus d'eux, par la maxime *patre et avo consulibus*. Le privilége de ces officiers s'étend à leurs veuves, comme dit Gui-Pape, quest. 379. M. Expilly rapporte un arrêt rendu par le même parlement, le 24 de novembre 1558, qui défend de faire aucune exécution contre eux dans le palais ni dans le temps qu'ils y vont ou qu'ils en reviennent ; et François Marc (partie 2ᵉ, décision 456) dit que de son temps ce parlement avait le pouvoir de disposer des deniers du prince, des péages, gabelles, émoluments du sceau, et de convertir les amendes à son usage et aux réparations du palais................................
....

De la juridiction du parlement de Grenoble.

Elle est souveraine et en dernier ressort, comme celle des autres parlements de France.

Elle est aujourd'hui de petite étendue, puisqu'elle ne passe pas les limites du Dauphiné, à la réserve du petit pays de Pignerol où, par édit du mois d'août 1683, la juridiction lui a été accordée en cas d'appellation des sentences du présidial provincial dudit pays.

Elle a eu la baronnie de Faucigny, mais elle lui fut ôtée par un échange de 1356.

Elle a eu encore le marquisat de Saluces, mais elle le perdit par l'échange que le roi Henri IV en fit avec la Bresse, l'an 1601 ; et bien que par justes raisons on dût lui donner cette province avec le Bugey et les autres pays unis à la France au lieu de Saluces, néanmoins le tout fut joint au ressort du parlement de Dijon.

Elle s'étendait encore sur les comptes et finances, parce que la chambre des comptes et le trésorier de Dauphiné lui étaient unis et incorporés ; mais, en 1628, la séparation en fut faite.

Elle avait encore une chambre de l'édit, en laquelle ceux de la religion p. r. de Provence et de Bourgogne étaient obligés de venir plaider; mais cette chambre a été supprimée le mois de juillet 1679, et par une déclaration du mois de juin 1682 tous les justiciables ont été remis à la justice ordinaire de leurs domiciles et par appellation aux parlements desquels ils sont.

La cour des aides en avait été désunie en 1638 et mise à Vienne, mais elle lui a été rendue en 1658.

Gui-Pape, dans sa quest. 554, fait une longue énumération des prérogatives qu'avait le parlement de son temps, et parle de celles-ci en particulier: *Statuta et ordinationes pro bono justitiæ et statu patriæ quoties ei videtur, componit, castraque et fortalitia Delphini custodiri, muniri, reparari et œdificari facit.*

Elle a toujours joui de cette ancienne et glorieuse prérogative qu'en l'absence des gouverneurs et des lieutenants généraux de la province, le premier président ou le plus ancien commande. La fidélité et la prudence admirable de ce parlement ont paru en plusieurs rencontres; il avait connaissance du massacre qui se devait faire le jour de la Saint-Barthélemy, en 1571, contre les huguenots; et les catholiques, trop zélés, n'étaient pas moins préparés à l'exécuter en Dauphiné qu'on l'était dans les autres provinces; mais, par des ordres cachés et discrets, il évita un semblable malheur. Lors de la Ligue, il aima mieux quitter Grenoble et passer à Romans, que de se soumettre à la puissance des ennemis du roi dans cette première ville, et il agit avec tant de prudence, qu'il fit supprimer un conseil souverain que les rebelles avaient établi dans la ville de Die en 1595, et lors des dernières guerres civiles, son parti a toujours été celui du roi.

Je ne dis rien des commissions importantes qu'il a eues; les vaudois, la réduction de la principauté d'Orange au fief delphinal, le jugement de messieurs de Thou et de Cinq-Mars, les états généraux, les chambres de justice où ses officiers se sont trouvés, demanderaient des volumes entiers.

De la noblesse du parlement de Grenoble.

Il n'en est point en France dont il y ait plus grand nombre d'officiers d'ancienne et noble extraction qu'en celui-ci; c'est un avantage dont il est en possession depuis son établissement, même du temps des dauphins, et lorsqu'il n'était que conseil delphinal. D'abord que le dauphin Humbert II l'eut créé, il y eut peu d'ancienne et illustre famille qui ne voulût y entrer; les Miles, les Alleman, les Labalme, les Borel, les

Comiers, les Beaumont, les Rivières, les Theys, les Arces, les Arthaud, les Revel, les Dumalet, les Latour, les Vallius, les Tholons, les Saint-Germain, les Guiffrey, les Paviot, les Torchefelon, les Loras, les Bayle, tout y courait, et les dauphins y faisaient choix de ceux qu'ils croyaient propres et habiles pour exercer les charges dont ils le composaient.

De même, après que le dauphin Louis l'eut nommé parlement en 1453, les Gruel, les Châteauneuf, les Ventes, les Genas, les Cizerins, les Lattiers, les Fléard, les Palmier, les Larces, les Mores et les Chaponay en occupèrent bientôt les offices; après cela, il n'y eut aucune famille considérable autorisée et distinguée de Dauphiné, qui n'y ait fourni des officiers, jusques là qu'il y en a eu qui en ont donné cinq, six et même sept en divers temps.

Plusieurs et illustres familles étrangères ont bien voulu s'y introduire; il y a eu des Cambray, des Thomassin, des Bettieure, des Legoux, des Ruzé, des Bullions, des Simiane, des Ventes, des Montluel, des Roche, des Pruniers, des Emery, des Pontcarré, et quelques autres.

(*Dictionnaire du Dauphiné*, tome 2.)

Romanche.

La Romanche est une rivière qui descend des Alpes, traverse le mandement d'Oisans et se jette dans le Drac au-dessus de Champ, à une lieue et demie de Grenoble, après avoir souvent fait périr par ses inondations les fonds qu'elle a rencontrés à son passage; son sable est doré, marque infaillible que les rochers sur lesquels les eaux roulent ne sont pas sans mines d'or.

(*Dictionnaire du Dauphiné*, tom. 2.)

Porte Romaine.

La porte Romaine, appelée depuis par contraction Porte-Traine, était située sur la place Grenette à l'entrée de la Grand'Rue ; elle a été démolie en 1591, lors de l'agrandissement de Grenoble par Lesdiguières. La porte Viennoise, nommée dans la suite porte de l'évêché, se trouvait presque au milieu de la place Notre-Dame, du côté de la rue Chenoise, dans la direction du nord au midi. Elle fut détruite en 1804, lorsqu'on démolit les anciens bâtiments de l'évêché..

(*Histoire de Grenoble*, par M. PILOT, page 9.)

Vers la même époque (c'est à dire vers l'an 954) on agrandit Grenoble du côté de la porte Viennoise, le long de la route du pont. Cette nouvelle rue fut nommé Chaunaise ou Chenoise, du nom de la famille Chaunais, qui y possédait une maison flanquée de tours. On pratiqua aussi pour la commodité des habitants une ouverture dans l'ancien mur, entre la porte Viennoise et la Porte-Traine; ce passage fut appelé porte Pertuisière; la rue qui y aboutissait en a depuis conservé le nom. Le siècle suivant Grenoble s'accrut de deux faubourgs, celui de l'évêché, aujourd'hui rue Très-Cloîtres, et celui de la Porte-Traine, Bruel ou Saint-Jacques.

(*Idem*, page 28.)

Place du Breuil.

Sous le règne de Humbert, en 1288, Guillaume, évêque de Grenoble, appela en cette ville des religieux dominicains, et leur assigna une grande étendue de terrain hors des murs, entre la Porte-Traine et la porte Pertuisière. Le dauphin, en 1291, leur donna une partie de la place du Breuil, aujourd'hui place Grenette.

(*Idem*, page 69.)

Fort de Rabot.

Celui qui existe encore n'a été bâti que long-temps après la mort de Montbrun. Mais il est probable qu'il existait auparavant à la même place une construction du même genre.

Chalemont.

Il y a la montagne de Chalemont contre laquelle est bâtie la ville de Grenoble, n'ayant que l'Isère entre deux, et même les faubourgs de Saint-Laurent et de la Perrière lui sont contigus. Elle a sur son sommet une petite plaine sur laquelle est construite une citadelle qu'on appelle la Bastille, depuis laquelle jusques à la porte de France d'un côté et à la porte Saint-Laurent de l'autre s'étendent de belles et hautes murailles et plusieurs casernes pour les soldats, le tout élevé par les soins du connétable de Lesdiguières. Cette citadelle commande absolument la ville ; elle est sans commandant et sans soldats depuis plusieurs années. On tient que ce nom de Chalemont a été donné à cette montagne parce qu'autrefois on y conduisait les filles débauchées, dans une maison destinée pour les enfermer au son des chalumeaux. Il y a encore une tour qu'on appelle Dauphine, où ces malheureuses sont retirées non pas avec la même cérémonie mais avec beaucoup de charité. D'autres prétendent que le nom de Chalemont dérive *a Monte-Calvo*, qui veut dire mont chauve, ce qui est plus vraisemblable. Le premier monastère de la visitation à la construction duquel saint François de Sales mit la première pierre, est fondé sur cette montagne entre la ville et la Bastille, mais fort proche du faubourg, sur un terre-plein fort agréable. Et un peu plus haut du côté de la porte de France on trouve une tour, qui pour appartenir à la maison de Rabot, est appelée Tour de Rabot ; il y avait autrefois une garnison et elle est fort bien bâtie et fortifiée ; c'est au bas de cette même montagne et auprès de la porte de France, dans l'enclos néanmoins des grandes murailles dont je viens de parler, où il y a de très-bonnes pierreries d'où l'on tire la pierre pour les bâtiments, laquelle est extrêmement dure et de très-beau et très-excellent marbre gris et blanc, dont les veines figurées ne représentent pas mal le jaspe.

(*Dictionnaire du Dauphiné*, tome 1.)

Perrière.

Nous appelons un des faubourgs de Grenoble du nom de la Perrière parce qu'il est proche des endroits d'où l'on tire la pierre pour les bâtiments, qui est si dure et si vive qu'on ne peut la détacher des rochers ou la rompre que par le moyen de la poudre à canon. On y trouve de fort beau marbre gris et en quelques endroits de ces marbres des veines blanches ou noires. Ce faubourg, qui ne contient qu'une grande rue, se fermait autrefois par une porte flanquée de deux tours bâties en 1533, qui ont été démolies avec la porte en 1675.

(*Dictionnaire du Dauphiné*, tome 2.)

Millet.

Jean Millet de Grenoble n'avait pas étudié, mais il avait un talent particulier pour la poésie. Quelques ouvrages qu'il a faits en vers et en langue du pays ont été admirés. Il a composé trois comédies intitulées : *La Lhauda*, *Margoton* et *la Bourgeoisie de Grenoble*. La première est inimitable; dans la seconde, il joue agréablement un Savoyard qui veut parler français, et dans la troisième, il y a quelques intrigues de Grenoble fort adroitement touchées; il a aussi donné quelques récits au même langage et en vers.

(*Dictionnaire du Dauphiné*, tome 2.)

Palais.

Celui du parlement de Grenoble est situé en la place de Saint-André du côté du midi, et auprès de l'Isère du côté du nord, c'est l'ancienne demeure des dauphins de Viennois, comme nous l'apprend un acte fait un samedi après la fête de sainte Catherine en 1315, entre Jean Dauphin et Hugues son frère, en ces termes: *In civitate Gratianopolis in domo Delphinatus, in camera curiæ et compotorum.* Ce qui marque qu'avant que le parlement y fût transféré, ce qui ne fut qu'en 1340, il y avait déjà la chambre de la cour et des comptes du prince; ces deux cours supérieures sont aujourd'hui dans l'enclos de ce palais. Il y a aussi le bureau des finances, la chancellerie et le bailliage de Graisivaudan; la face ou le frontispice du palais est élégamment bâti; la justice y est représentée en statue tenant la balance à la main; elle a d'un côté Charlemagne et de l'autre Louis XI, taillés de leur hauteur, surmontés des armes en écartelure de France et de Dauphiné, le tout de pierre grise; on monte au parlement par deux degrés et par un à la chambre des comptes; une salle assez spacieuse qu'on appelle des *pas perdus* se présente au parlement après être monté par le grand escalier; de là on entre dans celle de la grande audience, qui est sans contredit la plus belle et la plus vaste de tous les parlements de France; des trois autres chambres du parlement la première est magnifique.

Quant à la chambre des comptes celle des archives est revêtue de tous côtés d'armoiries de noyer extrêmement bien travaillées, qui furent faites par ordre et aux frais du roi Louis XII.

(*Dictionnaire du Dauphiné*, tome 2.)

Note sur des Adrets.

Le jeune fils de l'infortuné Lamothe-Gondrin massacré à Valence, Pardaillan, jaloux de venger la mort de son père, s'entretint à Grenoble de des Adrets, l'an 1581, d'une manière injurieuse et pleine de fierté. Le baron n'eut pas plus tôt appris les propos qu'il tenait sur son compte, entr'autres celui-ci : *Si je le rencontre jamais, je le traiterai comme il le mérite*, qu'il part de la Frette et vient à Grenoble saluer le duc de Mayenne, dont il fut fort bien reçu. Des Adrets dit plusieurs fois en présence de Pardaillan : *J'ai quitté la solitude et revu le monde pour satisfaire quiconque a de la rancune contre moi. Mon épée n'est pas si rouillée, ni mon bras si faible et mes forces si diminuées par l'âge, que je ne puisse bien encore faire tête à tous ceux qui ont quelques plaintes à me faire*. Pardaillan, n'osant pas hasarder un duel avec lui, n'en parle plus. Des Adrets, content de cette dernière bravoure, se retire à la Frette.

Il se promenait en ce lieu, sans épée, mais un bâton à la main, lorsque un ambassadeur de Savoie qui se

rendait à Grenoble, le rencontrà et mit pied à terre pour le saluer et lui demander de ses nouvelles, en lui témoignant beaucoup de respect et d'égards. *Je n'ai rien à vous dire*, répondit le baron, *sinon que vous rapportiez à votre maître, que vous avez trouvé des Adrets, son très-humble serviteur, dans un grand chemin, avec un bâton à la main et sans épée, et que personne ne lui demande rien*......................
....
....

Enfin, succombant sous le poids de la vieillesse et dégoûté du monde, il se retire de nouveau à la Frette, où il vit une année avec des marques visibles de son retour au sein de l'église. Il mourut catholique, à l'âge de 74 ans, après avoir testé, le 2 février 1586. Son corps fut inhumé dans une chapelle de l'église paroissiale qui appartenait à la famille de Beaumont. La femme de des Adrets sortait de l'ancienne maison de Gumin-Romanêche, féconde en illustres guerriers. Il en eut deux fils et deux filles ; au rapport de Davila, liv. 5 *des Guerres civiles de France*, les colonels Montaumort et Rouvrai étaient ses deux fils. Celui connu sous le nom de la Frette fut tué le jour du massacre de la St-Barthélemy, l'autre mourut de maladie.....
.... On raconte de la Frette ce trait plaisant : le roi lui commande un jour d'appeler son chancelier ; la Frette le trouve à table et lui

annonce la volonté de son maître. Le chancelier lui ayant répondu qu'il recevrait ses ordres après son dîner ; *Comment*, reprit-il, *il faut retarder d'un moment lorsque le roi commande ? vite, qu'on marche sans excuse ;* et là-dessus il prit un des bouts de la nappe et renversa tout ce qui était dessus. Le chancelier fit part au roi de cette incartade du jeune la Frette, et Charles IX lui dit en riant que le fils serait aussi *violent et emporté que le père.*

(*Histoire militaire et politique de François de Beaumont, baron des Adrets,* par MARTIN.)

Note de l'auteur.

J'ai peint M. Truchon comme le représentaient les protestants d'alors; ce qu'il y a seulement de positif c'est que « Jean Truchon fut pourvu, après Claude de
» Bellièvre, de la charge de premier président du
» parlement, l'an 1549 ; qu'il exerçait alors celle de
» conseiller dans le parlement de Savoie, que Fran-
» çois Ier avait établi dans Chambéry (Chorier); »
qu'il fut un des principaux auteurs des exécutions de Valence et de la mort de M. de Montbrun.

Quant à ce dernier, mon seul but a été de le peindre avec exactitude sous le rapport politique et militaire. J'espère surtout qu'on voudra bien ne pas porter un œil profane sur ses amours avec Mlle de Montluc; les lecteurs qui soulèveront cette difficulté, sauront bien la résoudre sans moi.

Je ferai la même réponse aux questions qu'on pourrait m'adresser sur l'évêque de Condom et sa promotion à l'évêché de Grenoble. Ce qu'il y a de certain, c'est qu'il était réellement un des fils du fameux Montluc, que Brantôme en fait en peu de lignes un portrait assez semblable à celui que j'ai tracé.

Dans ma deuxième édition j'indiquerai aux peintres et touristes un honnête bourgeois habitant de ce village de la Frette, qui leur donnera sur le baron des Adrets toute sorte de renseignements, en leur montrant le château et la grande allée; leur dira entre autres choses que le baron, à la fin de ses jours, habitait de préférence une autre terre également appelée la Frette, mais située dans le Graisivaudan.

TABLE.

Chap. Ier. La partie d'hombre	Page 1
II. L'arrivée	17
III. Le lendemain	37
IV. Les Balmes	51
V. La nuit	71
VI. L'interrogatoire	95
VII. La translation	119
VIII. La marquise	129
IX. La place du Breuil	155
Epilogue	167
Notes	173

PRUDHOMME,
Libraire,

A GRENOBLE,   **A PARIS,**
Rue Lafayette, 13.   Rue des Poitevins, 9.

𝔏ivres de 𝔉onds et de 𝔓ropriété.

DROIT ET JURISPRUDENCE.

Bibliothèque Municipale.

FORMULAIRE MUNICIPAL, contenant l'analyse, par ordre alphabétique, de toutes les matières qui sont du ressort d'une administration municipale, avec le texte des lois, ordonnances et règlements qui s'y rapportent, et un recueil complet de toutes les formules d'actes qu'on peut être dans le cas de rédiger dans une mairie ; ouvrage composé pour les mairies de toutes les classes, et utile à MM. les juges de paix, comme juges de simple police, et à tous les jurisconsultes ; par E. M. Miroir, secrétaire en chef de la mairie de Grenoble. 5 gros tomes in-8°, divisés en 10 parties de 500 pages au moins chacune.   **45 fr.**

Le *Formulaire municipal*, ouvrage véritablement monumental et qui embrasse la législation et la jurisprudence sur toutes les matières municipales jusques et compris 1833, est tellement connu et répandu qu'il devient inutile d'en faire ici l'analyse.

Dire que cet ouvrage compte aujourd'hui près de DIX MILLE souscripteurs, et qu'il a réuni les suffrages universels, même ceux des antagonistes de l'auteur, c'est en faire le plus bel et le plus solide éloge.

Ce vaste recueil appelle la confiance de tous les fonctionnaires municipaux et remplace avec le plus grand avantage tout ce qui a paru dans ce genre jusqu'à ce jour.

RÉPERTOIRE ADMINISTRATIF des maires et des conseillers municipaux, journal complémentaire et continuation du *Formulaire municipal*, par Ch. Jourdan, prix, franc de port,   **6 fr.**

Le *Répertoire administratif* paraît tous les mois, par livraisons de 36 à 48 pages, depuis le 31 janvier 1834, et forme par an un volume de plus de 500 pages, avec une table analytique des matières.

L'utilité du recueil sera facilement appréciée; il fait suite au *Formulaire municipal*, qui embrasse toute la législation et la jurisprudence administratives intervenues jusqu'à la fin de 1833.

Le *Répertoire administratif* renferme à son tour toute la législation et la jurisprudence à partir de cette époque, sur les mêmes matières, et forme ainsi la continuation et le complément naturel du *Formulaire*.

Rédigé sur le même plan et avec les mêmes soins que le *Formulaire*, le *Répertoire* contient comme lui :

1º Les principes généraux de chacun des sujets qui y sont traités ;
2º Le texte des lois et ordonnances sur les matières administratives;
3º Un commentaire clair et métodique propre à en faciliter l'application;
4º Le texte des circulaires et instructions ministérielles ;
5º Les avis du conseil d'état et la jurisprudence des cours et tribunaux;
6º Des formules de TOUS les actes qui se rattachent à ces matières;
7º Les observations et communications d'intérêt général que MM. les souscripteurs veulent bien soumettre à la direction du journal ;
8º Les réponses aux questions faites par MM. les souscripteurs ;
9º Enfin, le développement des articles du *Formulaire*, dans lesquels il serait signalé des lacunes.

Le *Répertoire administratif* se distingue principalement de tout autre recueil de ce genre par ses articles de *pratique* et d'*application*, et il est conçu de manière à être utile également aux souscripteurs du *Formulaire* et aux personnes qui ne possèdent pas cet ouvrage.

DES CONTRAVENTIONS, DES DÉLITS ET DES PEINES,

ou Législation sur les contraventions et les peines en matière de simple police; ouvrage annoté des lois corrélatives et de la jurisprudence de la cour de cassation jusqu'à ce jour; suivi d'un recueil complet de règlements de police, par E. Miroir; 2 volumes in-8º   13 fr.

Cet ouvrage, qui vient d'obtenir les suffrages de fonctionnaires du rang le plus élevé et le plus à portée, par la spécialité de leurs fonctions, d'en apprécier le mérite (voir les différentes lettres insérées au *prospectus*), contient en outre la législation sur les délits forestiers et ruraux, sur les délits de chasse et de pêche, sur les délits de voirie (grande et petite), sur les délits contre l'ordre et la tranquillité publique; sur les délits les plus ordinaires de police correctionnelle ; le paiement de l'amende par corps, en cas d'insolvabilité, et sur la responsabilité en matière civile et de police.

Le deuxième volume sera particulièrement apprécié par MM. les maires, adjoints, conseillers municipaux et secrétaires de mairie. En effet, il se compose d'une série de règlements sur tous les cas possibles de police municipale.

En tête de chacun de ces règlements se trouve, en sommaire, l'indication de toute la législation sur laquelle ils sont établis, et, en outre, il n'est pas une de leurs dispositions qui ne soit à son tour justifiée par la citation de l'article particulier de loi qui lui sert de base.

Au moyen de ces citations, MM. les fonctionnaires qui voudraient vérifier les textes se trouvent dispensés de toutes recherches, et gagnent ainsi tout le temps qu'ils seraient obligés d'y consacrer.

Le traité des *Contraventions et délits*, qu'on a défini à si juste titre un véritable BRÉVIAIRE POLICIER, est en effet le livre *de tous les moments* des fonctionnaires de police. Il n'est point de juge de paix, d'adjoint et de commissaire de police de grande ou de petite commune, les uns comme administrateurs et juges de police, les autres comme officiers chargés du ministère public, qui n'ait par la suite cet utile ouvrage en permanence sur son bureau. C'est un recueil complet, dans toute l'acception du mot, de LÉGISLATION et de JURISPRUDENCE sur la matière, de 1789 à 1834 inclus; l'ordre et la clarté qui règnent dans cette production ne laissent rien à désirer.

Avec un pareil traité, toutes recherches sont épargnées au fonctionnaire qui est dans le cas d'en faire usage; tout maire de commune rurale *entrant en fonctions* rédigera ses règlements de police avec la même facilité que celui qui aura vingt années d'exercice. C'est un livre absolument neuf et qui manquait à l'administration, à la magistrature et au barreau; deux réimpressions successives faites depuis son apparition, qui date seulement du mois d'août 1834, attestent et justifient suffisamment son mérite et sa vogue.

Le traité des *Contraventions et délits*, et les *règlements de police* qui le suivent, sont le fruit d'observations et annotations recueillies avec un soin tout particulier pendant plus de vingt années.

LÉGISLATION sur les contraventions et les peines en matière de simple police, sur les délits forestiers, ruraux, de chasse, contre l'ordre et la tranquillité publique; sur divers délits de police correctionnelle; sur le paiement de l'amende par corps en cas d'insolvabilité, et sur la responsabilité civile et de police.   1 fr. 50 c.

Cet ouvrage, rédigé en forme d'arrêté, est imprimé sur deux feuilles in-plano, pour être affiché et placardé dans toutes les communes.

Composé en petit-texte et mignonne, sur cinq colonnes, il renferme la matière d'un volume in-12 ordinaire.

Nota. En ayant soin de faire coller sur carton ces deux feuilles, on les conservera indéfiniment.

INSTRUCTION DU MINISTRE DE L'INTÉRIEUR pour l'exécution de la loi du 21 mai 1836, sur les CHEMINS VICINAUX, contenant la loi elle-même, un sommaire des matières et tous les modèles annexés à l'instruction. 1 vol. in-8. Prix : 1 fr. 50 cent. par la poste.

Ouvrages divers.

TRAITÉ DE LA DOT, par X. Benoit, avocat. 2 vol. in-8.   14 fr.

Ce traité, désormais classé parmi les meilleurs ouvrages de droit, a eu un succès que le temps et les jurisconsultes ont pleinement confirmé. Il ne nous en reste plus que quelques exemplaires.

TRAITÉ DES BIENS PARAPHERNAUX, faisant suite au *Traité de la Dot*, par X. Benoit; 1 vol in-8.   7 fr.

TRAITÉ DU RETRAIT SUCCESSORAL, par X. Benoit, 1 beau vol. in-8.   7 fr.

Ces deux derniers ouvrages de M. Benoit contiennent une foule de questions nouvelles toutes résolues avec une rare sagacité. Les citations fréquentes qu'en ont fait les arrêtistes et les éloges nombreux des journaux de jurisprudence, ont placé cet auteur parmi les jurisconsultes les plus distingués de l'époque.

QUESTIONS DE DROIT, tirées des consultations, mémoires et dissertations de M. Duport-Lavillette, ancien jurisconsulte à Grenoble. 7 vol. in-8. 45 fr.

Cet ouvrage, que recommandait la haute réputation de son auteur, a été très-bien accueilli par les jurisconsultes les plus distingués ; M. Béranger (de la Drôme) en a fait un grand éloge.

DES PROGRÈS DE LA JURISPRUDENCE EN FRANCE, lu à la société des arts de Grenoble, dans sa séance du 2 février 1838, par Frédéric Taulier, avocat, professeur suppléant à la faculté de droit; brochure in-8°, tirée à très-petit nombre, 1 fr.

PROCÈS DES MINISTRES DE CHARLES X, contenant le rapport au roi, les ordonnances du 25 juillet, les propositions, rapports, discussion et plaidoyers entiers qui ont eu lieu aux chambres. 1 vol. in-8. 3 fr.

Ce recueil est le plus complet de tous ceux qui ont été publiés.

TARIF DES DROITS D'ENREGISTREMENT et de greffe, sur les actes judiciaires; une feuille ouverte en placard. 50 c.

CODE FORESTIER suivi de l'ordonnance d'exécution, de la table des chapitres et de la table des matières, par ordre alphabétique; broché, 75 c.
Cartonné, 1 fr.
Papier vélin, 1 fr. 25 c.

Jurisprudence du Dauphiné.

RECUEIL des édits, déclarations, lettres-patentes, ordonnances du roi, arrêts du conseil et du parlement de Grenoble, concernant en général et en particulier la province du Dauphiné, de 1540 à 1781. Grenoble, Giroud. 26 volumes in-4°, reliés ; c'est l'exemplaire vu dans le meilleur état. 52 fr.

PRÉCIS de la jurisprudence du parlement du Dauphiné, par M. Sabatéry. In-8°. 6 fr.

JURISPRUDENCE de la cour royale de Grenoble, ou recueil des arrêts rendus par cette cour depuis le 1er janvier 1822, par M. Gautier, avocat; continué par MM. Crozet et Charrut, greffiers à la même cour. Huit volumes, qui se terminent en mars 1838, sont en vente et forment la première série du recueil. Prix. 20 fr.

La suite de cet ouvrage commence la deuxième série à partir du 1er juillet 1835. Elle paraît par livraisons de 8 feuilles, régulièrement tous les trois mois ; 4 livraisons formant un demi-volume dont le prix, rendu à domicile, est de 6 fr. par an; deux années font un volume.
Prix de ce volume actuellement terminé. 12 fr.

Avec ce volume, l'abonnement courant et la table ci-après indiquée, on a une collection économique de toute la jurisprudence de la cour royale de Grenoble.

TABLE GÉNÉRALE alphabétique et méthodique des arrêts de la cour royale de Grenoble, rendus depuis l'an 8, époque de l'institution des tribunaux d'appel, jusques et compris l'année 1834; par MM. Crozet et Charrut. 1 vol. in-4. 10 fr.

Ouvrages dont j'ai acquis la fin des éditions.

CLEF DES LOIS ROMAINES (la), ou dictionnaire analytique et raisonné de toutes les matières du droit romain, avec des renvois sur chaque article au Code civil; par Fieffé-Lacroix. 2 forts vol. in-4°. Au lieu de 30 fr. 15 fr.

MONGALVY et **GERMAIN**. Analyse raisonnée du Code de commerce, contenant 1° l'explication de la loi par ses motifs; 2° sa mise en action par la jurisprudence et le rapprochement de toutes les lois et ordonnances; 3° l'examen des questions neuves et importantes; 4° la discussion des principes du domaine de l'économie politique. 2 forts volumes in-4. 15 fr.

Cet ouvrage, d'un très-grand mérite, renferme, sur le syndicat, des notes précieuses qu'on ne trouve nulle autre part.

PAILLET. Manuel de droit français, contenant les cinq Codes, avec des notes et des tables particulières pour chaque Code, et une table générale alphabétique, etc. 7e édition, entièrement refondue et très-augmentée. Gros vol. in-8° de 1700 pages (1826) au lieu de 22 fr. 15 fr.

Ouvrages en nombre.

AUGAN. Cours de notariat. 2e édition, in-8°, 1829, 9 fr.

BILHARD. Traité des référés en France, tant en matière civile qu'en matière de commerce. In-8°, 1834, 8 fr. 50 c.

CHAUVEAU. Code forestier expliqué par les motifs et la discussion. In-18, 6 fr.

BOLLAND. Cours abrégé de législation et de procédure criminelle. In-8°, 1828, 3 fr.

BOILEUX. Commentaire sur le Code civil, contenant l'explication de chaque article séparément. 3e édition; 3 vol. in-8°, 1838, 24 fr.

DUVERGIER. Collection complète des lois, décrets, ordonnances, règlements et avis du conseil d'état, publiée sur les éditions officielles, de 1789 à 1830 inclusivement. 2e édition, 30 vol. in-8. à 5 fr. le volume. Prix, 150 fr.
Années 31, 32, 33, 34, 35, 36 et 37, faisant suite à la collection, 56 fr.
Abonnement à l'année courante, *franco*, 10 fr.

— Table générale analytique et raisonnée des lois, décrets, ordonnances, etc., depuis 1788 jusques et y compris 1830; ouvrage faisant suite à la collection complète des lois. 2 vol. in-8º en quatre parties. Prix de chaque, 4 fr 50 c.
Les deux premières sont en vente.

— Code d'instruction criminelle et Code pénal (édition de 1832), annotés des lois analogues, des arrêts et des décisions judiciaires, des discussions sur les lois du 28 avril 1832, etc., etc. In-8º, 1833, 2 fr.

GARIEL. Code forestier contenant le tarif des amendes. In-8º, 1827. Prix, 5 fr.

GOUBEAU DE LA BILLENNERIE. Traité général de l'arbitrage en matière civile et commerciale. 2 vol. in-8º, 1827, 12 fr.

GUIZOT. De la peine de mort en matière politique. 2e édition; in-8º, 1832, 4 fr.

LALAURE ET PAILLIET. Traité des servitudes réelles, nouvelle édition, revue et annotée par Pailliet, terminée par un commentaire du titre du Code civil sur les servitudes. 1 vol. in-8º. 1828, 15 fr.

LEGRAVEREND. Des lacunes et des besoins de la législation française, en matière criminelle et en matière politique. 2 vol. in-8º, 1824, 10 fr.

ORTOLAN ET **ÉTIENNE.** Explication historique des Institutes de Justinien, avec le texte, la traduction en regard, et des explications sous chaque paragraphe, pour toutes les matières des examens. 3 vol. in-8º, 16 fr.

REY (Joseph). Préliminaires du droit, ou introduction à un traité de législation générale. 1 vol. in-8. 1819, 5 fr.

— Traité des principes généraux du droit et de la législation. 1828. 1 vol. in-8, 5 fr.

— Des institutions judiciaires en Angleterre, comparées avec celles de la France, etc. 2 vol. in-8, 12 fr.

REALIER-DUMAS. Jacobi Cujacii prælectiones in Institutione Justiniani. In-8º, 1824, 2 fr.

LITTÉRATURE, HISTOIRE, VOYAGES, INSTRUCTION PRIMAIRE, RELIGION, ETC.

Ouvrages sur le Dauphiné.

ALBUM DU DAUPHINÉ, publication mensuelle paraissant par livraisons. — L'*Album du Dauphiné* se compose d'une suite de dessins représentant les sites les plus pittoresques, les villes, bourgs et principaux villages, les églises, châteaux et ruines les plus remarquables des départements de l'Isère, de la Drôme, des Hautes-Alpes. Une place est aussi réservée aux portraits des personnages illustres qui sont nés dans ces trois départements.

Une livraison paraît chaque mois, elle se compose de quatre dessins lithographiés par MM. Cassien et Debelle, accompagnés d'un texte historique et descriptif. Le texte est imprimé sur beau papier vélin satiné, format in-4°. Prix par an, 20 fr.

Deux années ont paru, la troisième se publie; l'ouvrage formera quatre années ou volumes.

BADON E. Montbrun, ou les Huguenots en Dauphiné, roman historique. 2 beaux vol. in-8°, imprimés avec luxe, 15 fr.

CHAMPOLLION-FIGEAC. Antiquités de Grenoble, ou Histoire de cette ville d'après ses monuments; 1 vol. in-4, 6 fr.

CHAPUIS-MONTLAVILLE. Histoire du Dauphiné, 2 in-8°, 15 fr.

CHORIER. Recherches sur les antiquités de Vienne. Nouv. édit., gros vol. in-8°, avec gravures, 10 fr.

COLOMB DE BATINES et **OLLIVIER JULES.** Mélanges biographiques et bibliographiques, relatifs à l'histoire littéraire du Dauphiné, publié par fascicules de 9 feuilles environ, in-8°, beau papier; 3 fr.

DELACROIX. Statistique du département de la Drôme. Nouvelle édition, entièrement revue et considérablement augmentée, avec tableaux, cartes et dessins, 1 vol. in-4, 15 fr.

DU BOYS ALBERT. Vie de saint Hugues, évêque de Grenoble, suivie de la vie de Hugues II, son successeur; d'un extrait d'une biographie de saint Hugues, abbé de Léoncel, et d'une notice biographique sur les évêques de Grenoble; 1 beau vol. in-8°, 7 fr. 50 c.
Papier grand-raisin, 9 fr.

— Rodolphe de Francon, ou une conversion au XVIe siècle, 1 vol. in-8, 7 fr. 50 c.

Cet ouvrage est une peinture de l'état du Dauphiné au moment où les derniers feux des guerres de religion se sont éteints. Le château de la Combe-de-Lancey, dans la vallée du Graisivaudan, est le principal théâtre de la scène.

DUPRÉ-DELOIRE. Voyage à la Grande-Chartreuse, 1 vol. in-12, 3 fr. 50 c.

Cet ouvrage, extrêmement intéressant par ses récits et ses descriptions, se recommande autant par l'élégance de son style que par sa belle exécution typographique.

DURAND A. Antoine, ou le Dauphiné au XVIIIe siècle, roman historique, 4 vol. in-12, 12 fr.

GRAS (Scipion), ingénieur au corps royal des mines. Statistique minéralogique du département de la Drôme, ou description géologique des terrains qui constituent ce département; avec l'indication des mines, des carrières et en général de tous les gîtes des minéraux utiles qui s'y trouvent contenus; ouvrage accompagné d'une carte géologique, 1 vol. in-8, 7 fr. 50 c.

La carte se vend séparément. 3 fr.

GUIDE DES VOYAGEURS A LA GRANDE-CHARTREUSE, contenant l'itinéraire des quatre routes, avec les distances et les heures de marche, une notice sur la Grande-Chartreuse, une carte géographique et huit dessins lithographiés, 1 in-8 oblong, 2 fr.

MARTIN. Histoire de Charles Dupuis, surnommé le brave, seigneur de Montbrun. Paris, 1816, in-8, 3 fr. 50 c.

— Antiquités et inscriptions des villes de Die, d'Orange, de Vaison, d'Apt, et de Carpentras. Orange, 1818, brochure in-8, 3 fr.

MUTEL. Flore du Dauphiné, précédée d'un précis de botanique, de l'analyse des genres, d'après le système de Linnée, avec planches, 2 vol. in-12, 10 fr.

OLLIVIER (Jules). Essais historiques sur la ville de Valence, avec des notes et des pièces justificatives inédites, 1 vol. in-8, 8 fr.

PILOT. Recherches sur les antiquités dauphinoises, 2 vol. in-8, 6 fr.

— Histoire de Grenoble et de ses environs, depuis sa fondation sous le nom de Cularo jusqu'à nos jours, 1 in-8, 4 fr.

POÉSIES en langage patois du Dauphiné, 1 vol. in-8, 50 c.

REVUE DU DAUPHINÉ, publiée par une société d'hommes de lettres, sous la direction de M. Ollivier (Jules).

Cette publication paraît chaque mois par cahier de quatre feuilles, qui formeront 2 volumes par an. Prix, par an, franc de port, 15 fr.

La deuxième année se publie.

LES TROIS JOURNÉES DE GRENOBLE, ou relation de ce qui s'est passé les 12, 13, et 14 mars 1832. Broch. in-8, 50 c.

TERREBASSE. Histoire de Pierre Terrail, seigneur de Bayart; suivie de recherches généalogiques, pièces et lettres inédites, 1 beau vol. in-8, 5 fr.

Ouvrages divers.

BONIFAS-GUIZOT (Mme). Leçons de botanique à l'usage des deux sexes, ou instruction sur le règne végétal, présentée à l'esprit et au cœur; ouvrage approprié aux maisons d'éducation; 1 beau vol. in-12, avec planches, 4 fr.

Cet ouvrage a été approuvé par le conseil royal de l'instruction publique pour les écoles normales et primaires et le gouvernement en a pris pour toutes les écoles normales. Un grand nombre de journaux en ont fait l'éloge le plus flatteur.

CERFBERR. Des sociétés de bienfaisance mutuelle, ou des moyens d'améliorer le sort des classes ouvrières, 1 vol in-8, 2 fr.

EYMARD (Sylvain). — La politicomanie, ou de la folie actuellement régnante en France, 1 vol. in-8, 2 fr.

— Un mot sur la bêtise du siècle et sur le charlatanisme homœopathique, in-8, 1 fr.

— Coup-d'œil critique sur la médecine française au XIXe siècle, et sur la nouvelle organisation qu'on projette, 1 in-8, 1 fr.

GALERIE CHRÉTIENNE, ou les témoins de Jésus-Christ au XVe et au XVIe siècle, extraits de l'Histoire des Martyrs, 2 vol. in-8, 10 fr.
Le premier volume est en vente.

MARIE-THÉRÈSE DE BOUÈS, ou Mémoires authentiques d'une famille pendant l'émigration, vol. in-8, 7 fr. 50 c.
Le premier a paru.

MÉNABRÉA (Léon). Feux follets, 1 vol. in-8, 6 fr.

— Requiescant in pace, 1 vol. in-8, 6 fr

REPLAT. Esquisse du comté de Savoie, au XIe siècle, 1 vol. in-8, 5 fr

Sous Presse,

Pour paraître incessamment :

ALBUM DE SAVOIE, par MM. Léon et Louis Ménabréa, Jacques Replat, le chanoine Rendu, le docteur Constant Despines, etc.   24 fr.

L'*Album de Savoie* formera un vol. grand in-4, et contiendra un grand nombre de dessins dus à l'élégant crayon de M. Cassien.

ICHNOGRAPHIE DE LA FONTAINE MONUMENTALE érigée par la ville de Chambéry à la mémoire du général comte de Boigne, et sculptée par M. Sappey de Grenoble; ouvrage composé de 11 planches dessinées par M. Cassien, et d'un texte historique, par M. Dépommier, professeur de théologie à Chambéry. In-folio, papier jésus vélin, imprimé avec luxe,   15 fr.

Eléments et méthode de lecture.

ALPHABET CHRÉTIEN, ou instruction pour la jeunesse, revu et corrigé et mis en harmonie avec les nouvelles méthodes adoptées par le conseil royal de l'instruction publique.
    Vingt-quatre pages in-16,   5 c.
    Quarante-huit pages in-16,   10 c.

PRINCIPES NOUVEAUX DE LECTURE, pour apprendre à lire le français et le latin, par Lestivant, augmenté d'un nouveau choix de fables, in-18,   30 c.

RÈGLEMENT pour les enfants qui fréquentent les écoles chrétiennes, in-18, broché et rogné,   15 c.

L'OFFICE DE LA SAINTE-VIERGE, suivant la réformation du saint concile de Trente, avec une méthode très-facile pour apprendre à lire à la jeunesse en peu de temps, in-18 broché,   25 c.

* **LA CITOLÉGIE,** nouveau maître de lecture, en trente tableaux in-folio (les six premiers sont doubles), par Dupont,   2 fr. 50 c.

* **LA CITOLÉGIE,** nouveau maître de lecture pratique, à l'usage des élèves; par Dupont, in-16,   30 c.

* **LA CITOLÉGIE,** nouveau maître de lecture théorie-pratique, à l'usage des maîtres; par Dupont, 1 vol. in-12,   1 fr. 25 c.

  * La même, in-8,   2 fr. 50 c.

* **NOUVELLES LECTURES GRADUÉES**, conversations enfantines par Dupont, 1 vol. in-18, cartonné, 60 c.

Livres de lecture. — Fac simile.

FABLES nouvelles à l'usage de la jeunesse, contenant des principes de morale. Cet ouvrage est adopté par toutes les pensions et écoles primaires pour la lecture; 1 vol. in-18, 75 c.

LA SCIENCE du bonhomme Richard et conseils pour faire fortune, avec une notice sur Benjamin Franklin et les statuts de la caisse d'épargnes de Grenoble; brochure in-18, 20 c.

AVENTURES DE TÉLÉMAQUE (les six premiers chants des), 1 vol. in-12, cartonné, 60 c.

Les trois premiers livres cartonnés, 40 c.

LE PÈRE MAURIN, ou Conseils d'un maire de campagne aux jeunes gens de sa commune, sur la religion et la morale, revu et arrangé pour la jeunesse, par A. Durand; in-18, cart, 60 c.

FABLES DE FÉNÉLON, ouvrage adopté pour les études, 60 c.

LES MERVEILLES DE LA GRACE DE DIEU dans un enfant, ou notice sur Marie Lothrop; 1 vol. in-18, fig. 75 c.

PETIT COURS DE LÉGISLATION, à l'usage des écoles primaires; in-18 cart. 60 c.

Ce petit volume renferme les éléments de toutes nos lois, des modèles et instructions pour tous les actes.

Il contient en même temps les meilleurs principes de morale dans leur application à la vie sociale.

MANUEL D'AGRICULTURE à l'usage des écoles primaires et des propriétaires ruraux, par M. de Bruno, in-18, br. avec planches, 1 fr.

MORALE DU JEUNE AGE, second livre de lecture à l'usage des écoles primaires, in-18 br. 30 c.
Cartonné, 40 c.

ABRÉGÉ DE L'HISTOIRE DU DAUPHINÉ, à l'usage des écoles primaires, in-32, cart. 75 c.

ABRÉGÉ DE LA SPHÈRE, 1 vol. in-12 br. 30 c.

NOUVEAU FAC SIMILE, ou exercices pour familiariser les enfants à la lecture des manuscrits, in-8, cart. 60 c.

Collection de petits ouvrages pour la Jeunesse.

BIBLIOTHÈQUE DE LA JEUNESSE, TRADUCTION DU CHANOINE SCHMID,
PAR M. CERFBERR.

LA CROIX DE BOIS, suivie de l'Enfant perdu, 1 vol.
LES ŒUFS DE PAQUES, 1 vol.
LE PETIT MOUTON, 1 vol.

Chaque volume se vend séparément, broché,	30 c.
Cartonné élégamment,	40 c.
— Les mêmes, format in-18 (édition soignée pour prix et étrennes), br., sans gravures,	60 c.
Broché, avec gravures,	70 c.
Joli cartonnage en toile gaufrée, avec gravures,	1 fr.

Petites Poésies du Cœur.

LES VŒUX DE L'ENFANCE, ou recueil de compliments pour le jour de l'an et les fêtes anniversaires et de morceaux propres à orner la mémoire de la jeunesse, suivi de lettres en prose sur le même sujet, in-18 br.   60 c.

LE JOUR DE L'AN, recueil de compliments et de modèles de lettres in-18 br.   30 c.

    Le même sans lettres,   15 c.

Ces trois petits livres sont imprimés avec beaucoup de soin et sur très-beau papier.

Pédagogie. — Sciences.

L'ÉCOLE PRIMAIRE, recueil contenant les lois, ordonnances, instructions ministérielles et autres documents relatifs à l'instruction primaire, et une série de traités élémentaires sur les méthodes d'enseignement, la morale, les sciences, etc., rédigé par une société de membres de l'université, d'ecclésiastiques, d'instituteurs et d'institutrices, 2 vol. in-8, br.,   4 fr.

GRAMMAIRE française, d'après les principes généraux du langage, mis à la portée des plus jeunes intelligences; par C.-J. Robert, inspecteur des écoles primaires, 1 vol. in-12, cart.,   1 fr. 50 c.

Cette grammaire est suivie du *panoroma des conjugaisons*, au moyen duquel on peut sans difficulté conjuger tous les verbes les plus irréguliers.

TRAITÉ DU VERBE, par J. Thibault, 1 vol. in-12, cart.,   60 c.

Le verbe, un des mots de notre langue qui présentent le plus de difficulté à l'étudiant, n'avait pas encore été traité d'une manière spéciale pour les classes. Cette lacune vient d'être remplie par l'ouvrage que nous annonçons. L'élève y trouvera une solution claire et facile de toutes les difficultés qu'il pourra rencontrer.

REY. Lettres à ma femme sur les écoles de la première enfance dites salles d'asile, 1 vol. in-8,   3 fr. 50 c.

Cet ouvrage est la meilleure théorie-pratique qui existe sur l'éducation morale et intellectuelle des enfants. Le grand succès qu'ont obtenu ces lettres justifie cet éloge.

MANUEL POUR LE BACCALAURÉAT ÈS-LETTRES, à l'usage de l'académie de Grenoble, in-18, broché,   1 fr. 50 c.

Cet manuel contient toutes les questions snr lesquelles les élèves sont interrogés lors de leur examen pour le grade de bachelier ès-lettres.

ÉLÉMENTS DU DESSIN LINÉAIRE à l'usage des écoles normales et primaires, 1 vol. in-4 de 48 planches, avec texte,   3 fr. 50 c.

TABLE de sinus pour la levée des plans de mines, par MM. Henri Giroud et Lesbros, in-8 sur beau papier,   5 fr.

Le mérite principal de ces tables est dans leur parfaite correction que l'on garantit.

APPLICATION DE LA MÉTHODE DES PROJECTIONS à la recherche de certaines propriétés géométriques, par L. A. S. Ferriot, recteur honoraire de l'académie de Grenoble, 1 vol. in-8, avec planches,   3 fr. 50 c.

LE SYSTÈME DU MONDE dévoilé par la physique, ouvrage contenant une nouvelle explication de la gravitation universelle et une réfutation du système de Newton, par E. M.; 1 vol. in-8,   2 fr. 50 c.

Cet ouvrage renferme des aperçus fort ingénieux qui plairont à ceux qui s'occupent de ces questions.

Enseignement universel.— Langues étrangères.

RÉSUMÉ DE LA MÉTHODE UNIVERSELLE, par M. le comte de Lasteyrie, pour la lecture, l'écriture, le français, les mathématiques, l'histoire et la géographie; suivi des six premiers chants français de Télémaque, in-12, br. 1 fr. 25 c.

— Pour l'étude de l'italien, suivi des règles de la prononciation; 1 vol. in-12, br. 1 fr.

Ce traité de la prononciation italienne est le plus complet qui existe.

DE LA MÉTHODE UNIVERSELLE, par Rey, in-8, br. 1 fr. 25 c.

TÉLÉMAQUE, anglais-français, avec la prononciation figurée, et précédé d'un résumé de la méthode universelle appliquée à langue anglaise; 4 vol. in-12, br. 12 fr.

— Le même. Les trois premiers chants seulement avec la prononciation figurée et précédés du résumé de la méthode universelle appliquée à la langue anglaise, in-12 br. 3 fr.

LE TRÉSOR DE L'ÉCOLIER ANGLAIS, ou méthode pour tourner du français en anglais à vue, par E. Fouque, professeur d'anglais, in-18, br. 1 fr. 50 c.

— Italien-français, précédé d'un résumé de la méthode universelle appliquée à la langue italienne et des règles de la prononciation, 4 vol. in-12, 6 fr.

Religion et Morale.

ABRÉGÉ DE L'HISTOIRE SAINTE, par demandes et par réponses, suivi des preuves de la religion, 1 vol. in-12 cart. 60 c.

COURS D'HISTOIRE SAINTE, suivi d'un abrégé de la vie de J.-C., et de l'histoire de l'église jusqu'à nos jours, à l'usage des colléges, petits séminaires, maisons d'éducation et écoles primaires, deuxième édition, 1837, 1 vol. in-18, cartonné, 75 c.

Cette deuxième édition est augmentée de tableaux synoptiques qui présentent la corrélation des faits importants de l'histoire profane avec les faits importants de l'histoire sainte.

PHILOSOPHIE de tous les âges, par M. Rey, curé, in-12, deuxième édition, 1 fr.

LA GLOIRE du scapulaire de Notre-Dame du Mont-Carmel, 1 joli vol. in-18, papier fin, br. 60 c.

— Papier ordinaire, 40 c.

SOUVENIRS de Marie, ou belles prières à la sainte Vierge, 1 joli vol. in-18, br. 75 c.

LE CHRÉTIEN instruit sur la religion et formé à la pratique de la vraie piété, avec les vêpres du dimanche et des principales fêtes; excellent petit ouvrage rempli de la plus saine morale, et qu'on donne en lecture dans les écoles, 1 vol. in-24, relié en bas., 60 c.

HEURES LATINES, selon la liturgie de Vienne, adoptées par les colléges et les séminaires, et augmentées des offices de la semaine sainte, 1 vol. in-18, relié, 2 fr. 25 c.

CHEMIN de la croix, précédé de méditations sur la Passion, et suivi de prières pendant la messe, vêpres et complies, 1 vol. in-32, orné de 15 gravures en taille-douce, rel. bas. propre, 1 fr.

CATHÉCHISME raisonné sur les fondements de la foi, par Aimé, chanoine de l'église d'Arras, auteur du livre intitulé : *Fondements de la foi*, nouvelle édition à laquelle on a joint des extraits des lettres de M. de Fénélon, sur la vérité de la religion, et son entretien avec M. de Ramsay, sur le même sujet, in-18, br., 75 c.

ARDOISES POUR LES ÉCOLES PRIMAIRES.

PRISES PAR CENT.				PRISES PAR MILLE.			
7 pouces sur	5	......	20 fr.	7 pouces sur	5	......	150 fr.
9	—	5	25	9	—	5	200
11	—	5	30	11	—	5	250
12	—	8	60	12	—	8	450
18	—	18	120	18	—	12	1,000

CRAYONS pour ardoises, le mille 7 fr. 50 c.

On peut fournir jusqu'aux dimensions de deux à trois pieds sur quatre, mais les demandes doivent en être adressées un mois ou deux à l'avance, l'exploitation n'étant faite que sur commande. Ces dimensions sont fort en usage pour tableaux de mathématiques.

Ces ardoises sont dures, bien polies et d'une belle couleur bleue très-foncée. Ces qualités les rendent supérieures à toutes celles employées jusqu'à ce jour.

Les demandes au-dessus de 500 fr. jouiront de la remise des frais d'emballage.

Conditions de paiement :

Terme de quatre mois ou escompte 3 p. % au comptant.

Le cent, papier blanc,	1 fr. 50 c.
— sur joli papier fort de couleur,	2 fr.
— sur joli carton de couleur,	4 fr.

Jetons classiques d'encouragement, de la grandeur d'une pièce de 5 fr.

Le cent sur papier blanc,	75 c.
— sur papier de couleur,	1 fr.
— sur joli carton,	2 fr.

On trouve, à la même librairie, un assortiment complet d'ouvrages de science, de droit, de littérature et de piété.

EN VENTE CHEZ PRUDHOMME,
LIBRAIRE,

A PARIS, A GRENOBLE,
RUE DES POITEVINS, 9. RUE LAFAYETTE, 13.

FEUX FOLLETS, par M. Léon Ménabréa, 1 vol. in-8. Prix.. 6 »

REQUIESCANT IN PACE, par le même, 1 vol. in-8. Prix.. 6 »

ESQUISSE DE SAVOIE, par M. J. Replat, 1 vol. in-8. Prix. 6 »

MARIE-THÉRÈSE DE BOUÈS, 1 vol. in-8. Prix......... 7 50

VIE DE SAINT HUGUES, par M. Albert du Boys, 1 vol. in-8. Prix.................................... 7 50

TRAITÉ DU RETRAIT SUCCESSORAL, par M. Xavier Benoit, avocat; 1 vol. in-8. Prix.................. 7 50

Sous Presse,
Pour paraître incessamment :

ICHNOGRAPHIE DE LA FONTAINE MONUMENTALE érigée par la ville de Chambéry à la mémoire du général comte de Boigne, et sculptée par Sappey de Grenoble ; ouvrage composé de 11 planches dessinées par M. Cassien, et d'un texte historique, par M. le chanoine Rendu. In-folio, papier jésus vélin, imprimé avec luxe.................................... 45 »

ALBUM DE SAVOIE, par MM. Léon et Louis Ménabréa, Jacques Replat, le chanoine Rendu, le docteur Constant Despines, etc.

La Savoie a été trop long-temps négligée; il est pourtant peu de pays qui, sous le rapport historique, géologique, pittoresque et monumental, offrent plus de richesses que celui-là. Si ses montagnes aux formes grandioses, ses beaux lacs, ses cascades, ses grottes, sa végétation somptueuse excitent l'enthousiasme de l'artiste et fixent les regards étonnés du naturaliste, ses débris de temples romains, ses inscriptions, ses tours féodales, ses vieilles abbayes sont pour l'antiquaire et l'historien un sujet d'études non encore exploité; dans ses légendes, dans ses traditions, le romancier trouve une inépuisable source d'inspirations.

L'*Album de Savoie* formera un vol. grand in-4, et contiendra un grand nombre de dessins dus à l'élégant crayon de M. Cassien.

www.ingramcontent.com/pod-product-compliance
Lightning Source LLC
Chambersburg PA
CBHW050541170426
43201CB00011B/1512